The Japanese Language

쉽게 이해하는
관광기초일본어

이효선 · 나카무라 · 황송현 공저

백산출판사

쉽게 이해하는 **관광기초일본어**

2014년 12월 23일 초판 1쇄 인쇄
2014년 12월 30일 초판 1쇄 발행

지은이 이효선 · 나카무라 · 황송현
펴낸이 진욱상 · 진성원
펴낸곳 백산출판사
교 정 편집부
본문디자인 편집부
표지디자인 오정은

저자와의 합의하에 인지첩부 생략

등 록 1974년 1월 9일 제1-72호
주 소 서울시 성북구 정릉로 157(백산빌딩 4층)
전 화 02-914-1621/02-917-6240
팩 스 02-912-4438
이메일 editbsp@naver.com
홈페이지 www.ibaeksan.kr

ISBN 979-11-5763-015-8
값 13,000원

Preface

국제화 시대를 맞이하여 가장 유망한 산업 중에 하나가 관광분야이며 현재 관광대국을 목표로 수많은 정책이 추진되고 있다. 특히 국내 인바운드시장에서 높은 비중을 차지하고 있는 일본인 관광객을 만족시킬 수 있는 인프라 구축과 서비스향상은 중요한 과제임에 틀림없다. 그 중에서도 관광관련 종사원들의 일본어 능력은 필수 불가결한 요소이며 그 능력이라는 것은 단순한 언어적 차원을 떠나서 문화적인 이해까지도 포함된다고 볼 수 있다.

본 교재는 관광관련 분야에 필요한 일본어 학습교재로서 문법, 어휘 등과 같은 기초적인 학습 내용뿐만 아니라 관광과 일본문화 등을 접목하여 일본어 학습 능력을 향상시키고자 주력하였다.

일본어를 시작하는 학습자들에게 재미있고 유익한 교재가 되기를 바라고, 국제적인 경쟁력을 갖춘 관광인이 되기를 기원한다.

저자 일동

CONTENTS

일본어 문자와 발음

◆ 五十音図(오십음도)

	あ段	い段	う段	え段	お段
あ行	あ ア	い イ	う ウ	え エ	お オ
か行	か カ	き キ	く ク	け ケ	こ コ
さ行	さ サ	し シ	す ス	せ セ	そ ソ
た行	た タ	ち チ	つ ツ	て テ	と ト
な行	な ナ	に ニ	ぬ ヌ	ね ネ	の ノ
は行	は ハ	ひ ヒ	ふ フ	へ ヘ	ほ ホ
ま行	ま マ	み ミ	む ム	め メ	も モ
や行	や ヤ		ゆ ユ		よ ヨ
ら行	ら ラ	り リ	る ル	れ レ	ろ ロ
わ行	わ ワ				を ヲ
	ん ン				

◆탁음(濁音)

が	ぎ	ぐ	げ	ご
ざ	じ	ず	ぜ	ぞ
だ	ぢ	づ	で	ど
ば	び	ぶ	べ	ぼ

◆반탁음(半濁音)

ぱ	ぴ	ぷ	ぺ	ぽ

◆요음(拗音)

きゃ	しゃ	ちゃ	ひゃ	みゃ	りゃ
きゅ	しゅ	ちゅ	ひゅ	みゅ	りゅ
きょ	しょ	ちょ	ひょ	みょ	りょ
ぎゃ	じゃ	びゃ	ぴゃ		
ぎゅ	じゅ	びゅ	ぴゅ		
ぎょ	じょ	びょ	ぴょ		

◆ 촉음(促音)

우리말의 받침 역할을 하며 「っ」자를 오른쪽 밑에 써서 나타낸다. 음의 박자는 한 박자로 된소리 표현이 된다.

(1) [k]받침이 되는 경우

いっかい　　いっきに　　びっくり　　せっけん　　がっこう

(2) [s]받침이 되는 경우

いっさい　　けっして　　ひっすい　　けっせき　　さっそく

(3) [t]받침이 되는 경우

いったい　　さっち　　よっつ　　きって　　しっと

(4) [p]받침이 되는 경우

いっぱい　　いっぴき　　きっぷ　　いっぺん　　いっぽう

◆ 발음(撥音)

발음(撥音)은 「ん」이며 はねる音으로도 불리는데 뒤에 오는 음에 따라 한글 받침 「ㅁ, ㄴ, ㅇ」과 비슷한 음이 된다. 또한 「ん」발음은 1박의 길이로 발음해야 한다.

(1) [ㅁ]받침으로 발음되는 경우—「ま、 ば、 ぱ」행 앞에 왔을 때

さんま　　けんぶつ　　かんぱい　　さんぽ　　さんみゃく

(2) [ㄴ]받침으로 발음되는 경우—「さ、 ざ、 た、 だ、 な、 ら」행 앞에 왔을 때

けんさ　　かんじゃ　　はんたい　　おんど　　おんな　　かんりゃく

(3) [ㅇ]받침으로 발음되는 경우—「か、 が」행 앞에 왔을 때

げんき　　かんこく　　けんこう　　おんがく　　にほんご

(4) [N]으로 발음되는 경우—「あ、 は、 や、 わ」행 앞이나 어말에 왔을 때

れんあい　　ぶんはく　　ほんや　　でんわ　　ふじさん

◆ 장음(長音)

두 개의 같은 모음이 연속되었을 때는 선행모음을 2박에 걸쳐 길게 발음한다. 또한 외래어의 경우에는 장음을 [—]로 표기한다.

(1)	[a]段＋a→[a:]	おかあさん	おばあさん
(2)	[i]段＋i→[i:]	おじいさん	おにいさん
(3)	[u]段＋u→[u:]	くうき	すうじ
(4)	[e]段＋e→[e:]	ええ	おねえさん
	[e]段＋i→[e:]	えいご	とけい
(5)	[o]段＋o→[o:]	とおい	おおい
	[o]段＋u→[o:]	おとうさん	こうこう

1課 はじめまして。

1. はじめまして。

❙ 학습포인트 ❙

- 自己紹介(じこしょうかい)
- ～は～です
- ～は～ではありません

회 화

【空港のロビーで】

木村： 朴(パク)さん、こんにちは。

朴： 木村(きむら)さん、お久しぶりです。

木村： 日本へ　ようこそ。

朴： 木村さん、こちらは　友達の李(イ)さんです。

李： 李柳美(イユミ)です。どうぞ　よろしく　お願いします。

木村： はじめまして。私は　木村(きむら)です。こちらこそ　どうぞよろしく。

李(イ)さん、日本は　初めてですか。

李： いいえ、初めてではありません。とても　楽しみです。

해 석

【공항 로비에서】

木村： 박○○씨, 안녕하세요?

朴： 木村씨 오래간만입니다.

木村： 일본에 잘 오셨습니다.

朴： 木村씨, 이쪽은 친구인 이○○씨입니다.

李： 이유미입니다. 잘 부탁드립니다.

木村： 처음 뵙겠습니다. 저는 木村입니다. 저야말로 잘 부탁드립니다.
이○○씨, 일본은 처음입니까?

李： 아니오, 처음이 아닙니다. 매우 기대가 됩니다.

단 어

- 空港(くうこう) 공항
- ロビー 로비
- で 에서(장소)
- さん 씨 ▶고객에게 사용할 때는 「様(さま)」라고 함
- こんにちは 안녕하세요(낮 인사) ▶끝에 「は」는 조사로 쓰였기 때문에 [wa]로 발음함
- お久(ひさ)しぶり 오래간만
- です 입니다
- 日本(にほん) 일본 ▶「日本人(にほんじん)」、「日本語(にほんご)」
- へ ~로, ~에 ▶도착의 귀착점 · 장소를 나타낼 때는 [e]로 발음함
- ようこそ 잘 오셨습니다 ▶「~へ ようこそ」 "~에 오신 것을 환영합니다"
- こちら 이쪽
- は 은/는 ▶서술상의 주체를 나타낼 때는 [wa]로 발음함
- 友達(ともだち) 친구 ▶존칭을 나타낼 때는 「お友達」라고 함
- の 인(동격)

- どうぞ　부디, 제발, 어서
- よろしく　잘
- お願(ねが)いします　잘 부탁드립니다　▶「お願いいたします」는 보다 정중한 표현임
- はじめまして　처음 뵙겠습니다
- 私(わたし)　저, 나　▶젊은 남자가 자신을 가리킬 때는 「ぼく」를 많이 사용함
- こちらこそ　저야말로
- 初(はじ)めて　처음
- ですか　입니까?
- いいえ　아니오
- ～ではありません　～이/가 아닙니다　▶회화체는 「～じゃありません」
- とても　매우
- 楽(たの)しみ　기대

문 법

1. ～は～です : ～은/는～입니다.

예) 私は　木村です。**저는 きむら입니다.**

「は(wa)」는 우리말의 「은/는」에 해당하고, 「です」는 「だ」의 공손체이다. 또한 2인칭 대명사인 「あなた(당신)」는 윗사람이나 친하지 않은 사람에게 쓰면 실례가 되기 때문에 이름에 「さん」을 붙여서 부르거나 직함 등을 부르는 것이 좋다.

2. ～は～ですか : ～은/는～입니까?

예) 日本は　初めてですか。**일본은 처음입니까?**

「です」에 의문의 종조사 「か」를 붙여 「ですか」라고 하면 의문문이 된다. 일본어에서는 원칙적으로 의문부호가 쓰이지 않지만, 서술문인지 의문문인지 불분명할 때는 의문부호를 사용하는 경우도 있다.

・お名前(なまえ)は？ 이름은?

・木村さんは？ 木村씨는요?

3. ～は～ではありません(＝じゃありません) : ～이/가 아닙니다

예) 日本は　初めてではありません。**일본은 처음이 아닙니다.**

「～ではありません」은 「です」의 부정으로 회화체에서는 「～じゃありません」을 쓰기도 한다. 부정의문표현을 만들 때는 의문조사 「か」를 붙여 만든디.

・李さんは　韓国人(かんこくじん)ではありませんか。이○ ○씨는 한국인이 아닙니까?

4. の : ～의, ～인

예) こちらは 友達の李(イ)さんです。 **이쪽은 친구인 이○○입니다.**

[체언＋の＋체언]의 「の」는 두 성분의 의미관계에 따라 「～의, ～인」으로 해석하며, 한국어와는 달리 「の」는 생략하지 않는다.

・日本の友達　일본 친구

・わたしの友達の李さん　저의 친구인 이○ ○씨

일본에서는 상대방을 부를 때 보통 상대방의 연령과는 상관없이 성(姓)에 「さん」을 붙이며 자신에게는 「さん」을 붙일 수 없다.

5. 일본어 인사표현

한국에서는 "안녕하세요"에 해당하는 인사말이 일본어에서는 시간대에 따라 다른 점에 주의하여야 한다.

- おはようございます　안녕하세요(아침인사)
- こんにちは　안녕하세요(낮인사)
- こんばんは　안녕하세요(밤인사)
- おやすみなさい　안녕히 주무세요 / 편히 쉬세요
- さようなら　안녕히 가세요 / 안녕히 계세요
- じゃ、また　그럼, 또 (만나요)

이름 표기법

강	(姜)	カン	고	(高)	コ	구	(具)	グ
권	(権)	クォン	김	(金)	キム	박	(朴)	パク
백	(白)	ペク	서	(徐)	ソ	송	(宋)	ソン
신	(申)	シン	심	(沈)	シム	안	(安)	アン
양	(梁)	ヤン	엄	(厳)	オム	오	(呉)	オ
유	(柳)	ユ	윤	(尹)	ユン	이	(李)	リ(イ)
임	(林)	イム	장	(張)	チャン	전	(全)	チョン (ジョン)
정	(鄭)	ジョン	조	(趙)	チョ	한	(韓)	ハン
허	(許)	ホ	황	(黄)	ファン	최	(崔)	チェ

연 습

1. わたしは　韓国人です。

a.　学生

b.　会社員

c.　公務員

2. わたしは　日本人ではありません。

a.　木村さん　/　一年生

b.　李さん　/　中国人

c.　中村さん　/　友達

3. A：木村さんは　日本人ですか。

B：はい、わたしは　日本人です。

いいえ、わたしは　日本人ではありません。

a.　ガイド

b.　通訳

c.　先生

■ 회화연습 1

A：はじめまして。私は _________ です。

どうぞ　よろしく　おねがいします。

B：はじめまして。私は_________ です。

こちらこそ　どうぞよろしく。

■ 회화연습 2

A：あなたは _______ ですか。

B：いいえ、 ________ ではありません。 _______ です。

- 韓国人(かんこくじん)　한국인
- 学生(がくせい)　학생
- 会社員(かいしゃいん)　회사원
- 公務員(こうむいん)　공무원
- 一年生(いちねんせい)　1학년
- 中国人(ちゅうごくじん)　중국인
- 中村(なかむら)
- ガイド　가이드
- 通訳(つうやく)　통역, 통역원
- 先生(せんせい)　선생님
- あなた　당신

2課 これは何ですか。

2. これは何ですか。

▌학습포인트▐

- これ、 それ、 あれ、 どれ
- の
- ～で

회 화

【空港のロビーで】

木村：これは　何ですか。

朴：　それは　私のスーツケースです。

木村：じゃ、あれも　朴さんの荷物ですか。

朴：　いいえ、私のではありません。あれは　李さんのです。

木村：荷物は　これで　全部ですか。

李：　はい、そうです。

　　　木村さん、これは　韓国のお土産で、キムチです。

木村：どうも　ありがとうございます。

해 석

【공항 로비에서】

木村 : 이것은 무엇입니까?

朴 : 그것은 저의 여행용 가방입니다.

木村 : 그럼, 저것도 박○○씨의 짐입니까?

朴 : 아니오, 제 것이 아닙니다. 저것은 이○○씨의 것입니다.

木村 : 짐은 이것으로 전부입니까?

李 : 예, 그렇습니다.

木村 : 이것은 한국 기념선물이고 김치입니다.

木村 : 대단히 감사합니다.

단 어

- これ 이것
- 何(なん) 무엇 ▶「なに」라고도 읽힘
- それ 그것
- の ~의 것
- スーツケース 여행 가방
- じゃ 그럼 ▶「では」의 회화체
- あれ 저것
- も 도
- 荷物(にもつ) 짐, 화물
- これで 이것으로
- 全部(ぜんぶ) 전부
- はい 예, 네
- そうです 그렇습니다 ▶「そうです」의 부정은 「そうではありません」
- 韓国(かんこく) 한국 ▶「韓国人(かんこくじん)」、「韓国語(かんこくご)」

- お土産(みやげ)　(기념)선물　▶주로 여행지에서 사오는 토산품 선물
- で　~이고
- キムチ　김치
- どうも　대단히, 매우
- ありがとうございます　감사합니다　▶친한 사이에서는 「ありがとう」

문 법

1. 지시대명사(사물)

예) これは 何ですか。 **이것은 무엇입니까?**

これ	이것(말하는 사람이 자기 쪽에 있는 사물을 가리킬 때)
それ	그것(말하는 사람이 듣는 사람 쪽의 사물을 가리킬 때)
あれ	저것(양쪽 모두에게 떨어져 있는 물건을 가리킬 때)
どれ	어느 것(어느 것인지 확실하지 않을 때)

※「何」는 [n], [t], [d]의 앞에서는 「なん」으로 읽히고 그 밖의 자음이나 독립해서 쓰일 때는 「なに」로 읽힌다.

- 何(なに)が
- 何(なに)も
- 何(なに)を
- 何(なん)の
- 何(なん)と
- 何(なん)で

2. 「の」 : ~의 것

예) あれは　李さんのです。**저것은 이○○씨 것입니다.**

「명사＋の＋명사」에서 「の」 다음에 오는 명사는 생략할 수 있다. 이 때의 「の」는 「의 것」으로 해석한다.

- だれの(荷物)ですか。 누구의 것(짐)입니까?
- わたしの(かばん)ではありません。 저의 것(가방)이 아닙니다.

3. ~は~で、(~は)~です : ~은/는~이고, (~은/는)~입니다

예) これは　韓国のお土産で、キムチです。**이것은 한국 기념선물이고 김치입니다.**

「だ(이다)」의 연용형인 「で」는 앞뒤의 2개 이상의 문장을 연결해 주는 역할을 한다.

- 朴さんは　韓国人で、(朴さんは)　大学生(だいがくせい)です。박○○씨는 한국인이고 대학생입니다.
- 金さんのは　これで、李さんのは　あれです。김○○씨 것은 이것이고, 이○○씨 것은 저것입니다.

4. 일본어 인사표현

- どうも ありがとうございます 대단히 감사합니다
- どうも すみません 대단히 미안합니다
- どうも 대단히 (고마워요/미안해요)
- どういたしまして 천만에요
- ごめんなさい 죄송합니다
- しつれいします 실례합니다

연 습

1. これは　わたしのカバンです。

a. 彼(彼女)　/　スーツケース

b. 木村さん　/　パスポート

c. 李さん　/　チケット

2. あれは　韓国のおみやげです。

a. 日本語　/　教科書

b. 韓国語　/　新聞

c. 日本　/　料理

3. 朴さんは韓国人で、　大学生です。

a. 主婦　/　ツアーガイド

b. 男の人　/　英語の先生

c. 女の人　/　医者

■ 회화연습1

A：これは　何ですか。

B：それは　＿＿＿＿＿＿＿です。

■ 회화연습2

A：それは　だれのですか。

B：これは　＿＿＿＿＿＿のです。

- カバン　가방
- 彼(かれ)　그, 그 남자
- 彼女(かのじょ)　그녀
- スーツケース　여행용 가방
- パスポート　여권, 패스포트
- チケット　티켓
- 日本語(にほんご)　일본어
- 教科書(きょうかしょ)　교과서
- 新聞(しんぶん)　신문
- 料理(りょうり)　요리
- 主婦(しゅふ)　주부
- ツアーガイド　여행가이드
- 男の人(おとこのひと)　남자
- 英語(えいご)　영어
- 女の人(おんなのひと)　여자
- 医者(いしゃ)　의사
- だれ　누구

3課 今何時ですか。

3. 今何時ですか。

▌학습포인트▐

- 何時、何分
- ～から～まで
- 조수사(階)

회 화

【ホテルのフロントで】

クラーク：いらっしゃいませ

木村：　チェックインは　何時からですか。

クラーク：午後2時からです。

木村：　今　何時ですか。

クラーク：今　2時20分です。

木村：　じゃ、チェックインを　お願いします。

クラーク：こちらに　お名前、ご住所、電話番号を　お願いします。

木村：　はい、どうぞ。

クラーク：お部屋は　1402号室で、こちらが　鍵です。

木村：　朝の食事は　何時から　何時までですか。

クラーク：1階のレストランで　午前7時から　9時30分までです。

해 석

【호텔 프론트에서】

클럭: 어서 오십시오.

木村: 체크인는 몇 시부터입니까?

클럭: 오후 2시부터입니다.

木村: 지금 몇 시입니까?

클럭: 지금 2시20분입니다.

木村: 그럼, 체크인을 부탁드립니다.

클럭: 여기에 성함, 주소, 전화번호를 부탁합니다.

木村: 예, 여기 있습니다.

클럭: 객실은 1402호이고 이것이 열쇠입니다.

木村: 아침식사는 몇 시부터 몇 시까지입니까?

클럭: 1층 레스토랑에서 오전 7시부터 9시30분까지입니다.

단 어

- 今(いま) 지금
- 何時(なんじ) 몇 시
- ホテル 호텔
- フロント 프론트
- クラーク 클럭
- いらっしゃいませ 어서 오십시오 ▶가정에서는 「いらっしゃい」라고 함
- チェックイン 체크인 ▶チェックアウト 체크아웃
- から 부터, 에서
- 午後(ごご) 오후
- 2時20分(にじ にじゅっぷん) 2시20분
- を 을/를
- お願(ねが)いします 부탁합니다
- こちらに 이쪽에, 여기에
- 名前(なまえ) 이름 ▶「お名前」는 보다 정중한 표현임

- 住所(じゅうしょ)　▶「ご住所」는 보다 정중한 표현임
- 電話番号(でんわばんごう)　전화번호
- どうぞ　어서, 부디, 제발
- 部屋(へや)　방, 객실　▶「お部屋」는 보다 정중한 표현임
- 1402号室(せんよんひゃくにごうしつ)　▶「いちよんまるに」라고도 읽음
- が　이/가
- 鍵(かぎ)　열쇠　▶「キー」라고도 함
- 朝(あさ)　아침　▶「朝食　(ちょうしょく)」조식이라고도 함
- 食事(しょくじ)　식사　▶「お食事」는 보다 정중한 표현임
- まで　까지
- 1階(いっかい)　1층　▶「階」는 층수를 나타내는 조수사임
- レストラン　레스토랑
- 午前(ごぜん)　오전
- 7時(しちじ)　7시
- 9時30分(くじ さんじゅっぷん)　9시30분　▶「半(はん)」 "반"이라고도 함

문 법

1. 숫자읽기

1	いち	10	じゅう	100	ひゃく	1000	せん/いっせん
2	に	20	にじゅう	200	にひゃく	2000	にせん
3	さん	30	さんじゅう	300	さんびゃく	3000	さんぜん
4	し・よん	40	よんじゅう	400	よんひゃく	4000	よんせん
5	ご	50	ごじゅう	500	ごひゃく	5000	ごせん
6	ろく	60	ろくじゅう	600	ろっぴゃく	6000	ろくせん
7	しち・なな	70	ななじゅう/しちじゅう	700	ななひゃく	7000	ななせん
8	はち	80	はちじゅう	800	はっぴゃく	8000	はっせん
9	きゅう・く	90	きゅうじゅう	900	きゅうひゃく	9000	きゅうせん

- 0 れい / ゼロ
- 10,000 いちまん
- 100,000 じゅうまん
- 1,000,000 ひゃくまん
- 10,000,000 いっせんまん
- 100,000,000 いちおく

※전화번호 읽기

- 02-735-4932 ⇒ ゼロに の ななさんご の よんきゅうさんに
- 015-479-6831 ⇒ ゼロいちご の よんななきゅう の ろくはちさんいち

· 警察(けいさつ) 경찰	110
· 火事(かじ)/救急車(きゅうきゅうしゃ) 화재/구급차	119
· 番号案内(ばんごうあんない) 전화번호 안내	104
· 天気予報(てんきよほう) 날씨예보 안내	177

2. 시간표현

◆ 시간

1時	2時	3時	4時	5時	6時
いちじ	にじ	さんじ	よじ	ごじ	ろくじ
7時	8時	9時	10時	11時	12時
しちじ	はちじ	くじ	じゅうじ	じゅういちじ	じゅうにじ

◆ 분

1分	2分	3分	4分	5分	6分
いっぷん	にふん	さんぷん	よんぷん	ごふん	ろっぷん
7分	8分	9分	10分	15分	30分
ななふん	はっぷん はちふん	きゅうふん	じゅっぷん じっぷん	じゅうごふん	さんじゅっぷん さんじっぷん

3. 조수사(층수)

1階	2階	3階	4階	5階	6階
いっかい	にかい	さんがい さんかい	よんかい	ごかい	ろっかい
7階	8階	9階	10階	何階	
ななかい	はちかい はっかい	きゅうかい	じゅっかい じっかい	なんがい なんかい	

4. 지시대명사(방향)

이쪽	그쪽	저쪽	어느쪽
こちら (こっち)	そちら(そっち)	あちら(あっち)	どちら(どっち)

5. 「お」와 「ご」

「お/ご」 명사나 동사 앞에 붙어 상대방에 대한 공손, 존경 및 미화어를 나타낸다. 단, 중국식 한자어지만 음식명이나 사물 등에는 「ご」 대신「お」를 붙인다.

- お名前(성함), お弁当(도시락), お部屋(방)
- ご住所(주소), ご家族(가족), ご利用(이용)

예외)お料理(요리), お食事(식사), お電話(전화), お時間(시간)

연 습

1. **A**：今　何時 何分ですか。

B：今は＿＿＿＿＿時＿＿＿＿＿分です。

a. 

b. 

c. 

2. **A**：食事は　何時から　何時までですか。

B：食事は **12**時から **1**時**30**分までです。

a. デパート　/　9時　7時30分

b. 博物館　/　10時　4時

c. 売店　/　11時　9時

3. お部屋は　**1402**号室です。

a. プール　/　地下 1階

b. スカイラウンジ　/　25階

c. 高橋さんのアパート　/　605号室

■ 회화연습1

A：＿＿＿＿＿＿は　何時から何時までですか。

B：＿＿＿＿＿＿から＿＿＿＿＿＿までです。

■ 화화연습2

A：すみませんが、あなたのケータイ番号は　何ですか。

B：＿＿＿　＿＿です。

- 何分(なんぷん)　몇분
- デパート　백화점
- 博物館(はくぶつかん)　박물관
- 売店(ばいてん)　매점
- プール　풀장, 수영장
- 地下(ちか)1階(いっかい)　지하1층
- スカイラウンジ　스카이라운지
- 高橋(たかはし)
- アパート　아파트
- 605号室(ろくまるごごうしつ)　605호실
- ケータイ　휴대폰
- 番号(ばんごう)　번호

4課　日本のお茶はおいしいです。

4. 日本のお茶はおいしいです。

▎학습포인트▐

- い형용사의 긍정과 부정
- い형용사의 연용형과 과거형
- 종조사「ね」、「よ」

회 화

【レストランで】

朴： 今日は　少し　寒いですね。

木村： レストランで　暖かい　お茶でも　どうですか。

李： いいですね。

朴： 日本のお茶は　おいしいですね。

木村： ところで、お昼に　すき焼きは　いかがですか。

このレストランのすき焼きは　安くておいしいですよ。

朴·李： いいですね。

朴： お土産のキムチは　辛くなかったですか。

木村： いいえ、本場のキムチだから、やっぱり　よかったです。

해 석

【레스토랑에서】

朴 : 오늘은 조금 춥군요.

木村 : 레스토랑에서 따뜻한 차라도 어떻습니까?

李 : 좋지요.

朴 : 일본 차는 맛있지요.

木村 : 그런데, 점심에 스키야키는 어떠십니까?

이 레스토랑의 스키야키는 싸고 맛있어요.

朴·李 : 좋아요.

朴 : 선물한 김치는 맵지 않았습니까?

木村 : 아니오, 본고장 김치이기 때문에 역시 좋았습니다.

단 어

- レストラン　레스토랑
- 今日(きょう)　오늘
- 少(すこ)し　조금
- 寒(さむ)い　춥다
- ね　군요, 네요
- 暖(あたた)かい　따뜻하다　▶「あったかい」라고도 발음함
- お茶(ちゃ)　차
- ～でも　~라도, ~든지
- どうですか　어떻습니까?
- いいですね　좋지요, 좋네요
- おいしい　맛있다　▶남자는 「うまい」라고도 함
- ところで　그런데, 그건 그렇고　▶화제를 전환할 때 사용함
- お昼(ひる)　점심, 점심밥
- すき焼き　すき(=가래) 위에서 구워가면서 간장으로 양념하는 요리

- いかがですか　어떠십니까?　▶「どうですか」보다 정중한 표현임
- この　이　▶「その(그), あの(저), どの(어느)」 다음에 반드시 명사가 옴
- 安(やす)い　싸다
- よ　요(주장)
- 辛(から)い　맵다　▶「塩辛(しおから)い」는 "짜다"라는 뜻임
- 本場(ほんば)　본고장
- から　때문에(원인, 이유)
- やっぱり　역시　▶「やはり」의 강조표현
- よかった　좋았다

음식명

우유	커피	아이스크림	주스	홍차
牛乳(ぎゅうにゅう)	コーヒー	アイスクリーム	ジュース	紅茶(こうちゃ)
				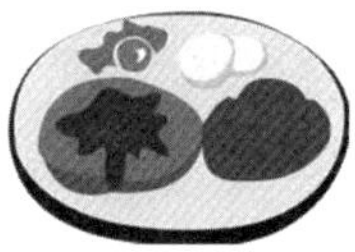
빵	햄	샐러드	수프	돈가스
パン	ハム	サラダ	スープ	豚(とん)カツ
				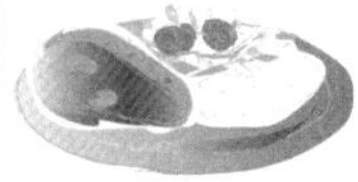
햄버거	샌드위치	피자	스파게티	스테이크
ハンバーガー	サンドイッチ	ピザ	スパゲッティ	ステーキ
				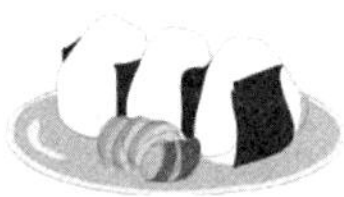
우동	라면	덮밥	모밀국수	주먹밥
うどん	ラーメン	とんぶり	そば	おにぎり

문 법

1. い형용사의 활용

예) 今日は　少し　寒いですね。 오늘은 조금 춥네요.

서술어나 연체형으로 쓰일 때에는 기본형 「～い」로 쓰이며, 부정표현은 어미 「～い」를 「～く」로 바꾸고 「ないです/ありません」을 붙인다. 또한 과거표현은 어미 「～い」를 「～かった」로 바꾼다.

현재형	긍정형	い형용사 ～です ⇒ おいしいです
	부정형	い형용사 ～くありません = ～くない(です) ⇒ おいしくありません = おいしくないです
과거형	긍정형	い형용사 ～かった(です) ⇒ おいしかったです
	부정형	い형용사 ～くありませんでした = ～くなかった(です) ⇒ おいしくありませんでした = おいしくなかったです

※단 「いい・よい(좋다)」는 활용을 할 때는 「よい」만을 사용한다.

・これは　よくありません(=よくないです)。 이것은 좋지 않습니다.

・それは　よかったですね。 그것은 좋았겠네요.

2. い형용사「～くて」

예) すき焼きは 安くておいしいですよ。すき焼き**는 싸고 맛있어요.**

「て」는 「～하고」(나열・병렬)나 「～해서」(원인・이유)로 해석되며, 전후의 의미관계에 따라 해석이 달라진다.

- このホテルは サービスもよくて、料理(りょうり)もおいしいです。이 호텔은 서비스도 좋고 요리도 맛있습니다.
- この雑誌(ざっし)は おもしろくていいです。이 잡지는 재미있어서 좋습니다.
- 夏(なつ)は 暑(あつ)くてつらいです。여름은 더워서 괴롭습니다.

3. ～ね/～よ：<종조사>

예) いいですね。**좋지요, 좋네요** / いいですよ。**좋아요.**

(1) ね：~군요, ~지요(확인)

회화체의 말끝에 붙어서 감탄, 놀람, 또는 자기의 생각을 다짐하거나 상대에게 확인하는데 쓰인다.

- そうですね。그렇군요.
- 日本語は 難(むずか)しいですね。일본어는 어렵네요.

(2) よ：~요, ~이야(주장)

상대방이 모르는 정보를 알려주거나 자기의 의사를 강하게 주장하는 표현이므로 사용 시에 주의가 필요하다.

- そうですよ。그래요.
- テストは あしたからですよ。테스트는 내일부터예요.

연 습

1. このホテルは　高いです。

高くありません(=高くないです)。

a. この本　/　難しい

b. 今日　/　忙しい

c. コーヒー　/　甘い

2. お土産のキムチは　辛かったです。

辛くありませんでした(=辛くなかったです)。

a. 日本の夏　/　暑い

b. 映画　/　面白い

c. パーティー　/　楽しい

3. すき焼きは　安くておいしいですよ。

a. この車　/　黒い　大きい

b. ホテル　/　新しい　広い

c. 私のカバン　/　小さい　赤い

■ 회화연습1

A：＿＿＿＿＿は　どうですか。

B：┌ いいですね
　　└ それはちょっと...

■ 회화연습2

A：＿＿＿＿は　どうですか。

B：＿＿＿＿＿て＿＿＿＿＿です。

- 高(たか)い　비싸다, 높다
- 本(ほん)　책
- 難(むずか)しい　어렵다
- 忙(いそが)しい　바쁘다
- コーヒー　커피
- 甘(あま)い　달다
- 夏(なつ)　여름
- 暑い(あつ)　덥다
- 映画(えいが)　영화
- 面白(おもしろ)い　재미있다
- パーティー　파티
- 楽(たの)しい　즐겁다
- 車(くるま)　차, 자동차
- 黒い(くろ)い　검다
- 大(おお)きい　크다
- 新(あたら)い　새롭다. 새 것이다
- 広(ひろ)い　넓다
- 小(ちい)さい　작다
- 赤(あか)い　빨갛다
- ちょっと　좀, 약간

5課 渋谷はどんなところですか。

5. 渋谷はどんなところですか。

❚ 학습포인트 ❚

- な형용사의 긍정과 부정
- な형용사의 연용형과 연체형
- ここ、 そこ、 あそこ、 どこ

회 화

【レストランで】

朴： 東京(とうきょう)の観光スポットは　どこですか。

木村： 東京(とうきょう)タワー、渋谷(しぶや)、原宿(はらじゅく)などです。

李： 渋谷(しぶや)は　どんな　ところですか。

木村： にぎやかで　おしゃれな町です。

李： それでは、箱根(はこね)は　有名ですか。

木村： 箱根(はこね)は　きれいで　静かな温泉街です。

朴： 交通は　便利ですか。

木村： いいえ、あまり　便利じゃありません。不便です。

해 석

【레스토랑에서】

朴 : 東京의 관광명소는 어디입니까?

木村 : 東京타워, 渋谷, 原宿 등입니다.

李 : 渋谷는 어떤 곳입니까?

木村 : 번화하고 세련된 도시입니다.

李 : 그렇다면, 箱根는 유명합니까?

木村 : 箱根는 깨끗하고 조용한 온천가입니다.

朴 : 교통은 편리합니까?

木村 : 아니오, 그다지 편리하지 않습니다. 불편합니다.

단 어

- 東京(とうきょう)　동경　▶일본의 수도이고 정치, 경제의 중심지임
- 観光(かんこう)　관광
- スポット　명소
- どこ　어디
- 東京タワー　동경타워　▶동경의 상징이며 관광명소로 유명함
- 渋谷(しぶや)　▶「はち公」동상으로 유명하며 쇼핑 번화가임
- 原宿(はらじゅく)　▶젊음의 거리, 최신 유행과 개성넘치는 상점이 즐비함
- など　등, 따위
- どんな　어떤
- ところ(所)　곳, 장소
- にぎやかだ　번화하다, 북적거리다, 활기차다
- おしゃれだ　세련되다, 멋지다
- 町(まち)　도시, 마을

- それでは　그러면, 그렇다면　▶축약해서 「では」、「じゃ」로도 사용함
- 箱根(はこね)　神奈川(かながわ)현과 静岡(しずおか)현 사이의 유명한 유람지 · 온천장이 많은 관광명소
- 有名(ゆうめい)だ　유명하다
- きれいだ　깨끗하다, 예쁘다
- 静(しず)かだ　조용하다
- 温泉街(おんせんがい)　온천가
- 交通(こうつう)　교통
- 便利(べんり)だ　편리하다
- あまり　그다지, 별로(부정문)　▶긍정문에서는 "너무, 지나치게"의 뜻임
- 不便(ふべん)だ　불편하다

な형용사

ハンサムだ(잘 생기다)	ファッショナブルだ(세련되다)
カラフルだ(화려하다)	シャープだ(깔끔하다)
ビックだ(크다)	ナイーブだ(순수하다, 순진하다)
ハードだ(힘들다)	ストレートだ(곧다, 직설적이다)
シンプルだ(간단하다)	フレッシュだ(신선하다)
エレガンスだ(우아하다)	ソフトだ(부드럽다)

문 법

1. な형용사의 활용

예) 交通は　便利ですか。**교통이 편리합니까?**

기본형이 「だ」로 끝나며, 성질이나 상태를 나타낸다. 형태상으로는 명사와 유사한 특징을 가지고 있다.

기본형	정중하게 말할 때는 뒤에 「です」를 붙인다. ・ しずかだ → しずかです(조용합니다)
부정형	어미 「だ」 대신에 「～ではない」를 붙인다. 정중하게 말할 때는 「～ではないです」나 「～ではありません」으로 표현한다 ・しずかだ → しずかではない(조용하지 않다) → しずかではないです(조용하지 않습니다) → しずかではありません(조용하지 않습니다)
과거형	어미 「だ」 대신에 「～だった」를 붙인다. 정중하게 말할 때는 「～だったです」 「～でした」로 표현한다. ・ しずかだ → しずかだった(조용했다) → しずかだったです(조용했습니다) → しずかでした(조용했습니다)

2. な형용사의 연체형과 「～で(하고, ～해서)」

예) 渋谷は にぎやかで おしゃれな町です。渋谷는 번화하고 세련된 도시입니다.

な형용사의 어미 「だ」를「で」로 바꾸면 "～하고, ～해서"의 의미가 된다.

・このホテルは きれいで 便利です。이 호텔은 깨끗하고 편리합니다.

・私のアパートは 静かで 安(やす)いです。저의 아파트는 조용하고 쌉니다.

또한 な형용사가 명사를 수식할 때는 어미「だ」가「な」로 바뀐다.

・金さんは 親切で きれいなガイドです。김○○씨는 친절하고 예쁜 가이드입니다.

・田中さんは すてきで ハンサムな人です。田中씨는 멋지고 잘 생긴 사람입니다.

3. 지시대명사(장소)

예) 東京の観光スポットはどこですか。東京의 관광명소는 어디입니까?

여기	저기	저기	어디
ここ	そこ	あそこ	どこ

- ここは　教室(きょうしつ)です。여기는 교실입니다.
- あそこは　トイレですか。저곳은 화장실입니까?
- ビジネスセンターは　どこですか。비즈니스센터는 어디입니까?

연 습

1. A：交通 は　便利ですか。

　B：はい、便利です。

　　いいえ、便利ではありません

a. この町　/　きれいだ

b. 吉田さん　/　親切だ

c. かれ　/　ハンサムだ

2. 箱根の町は　有名です。→　箱根は　有名な町です。

a. 富士山は　美しいです。→　富士山は　________山です。

b. この問題は　簡単です。→　これは　________問題です。

c. このデザインは　シンプルです。→　これは　________デザインです。

3. A：渋谷は　どんな　(ところ)ですか。

　B：渋谷は　にぎやかで　おしゃれな(町)です。

a. 京都　/　しずかだ　/　きれいだ

b. 金さん　/　親切だ　/　りっぱだ

c. 着物　/　カラフルだ　/　高級だ

■ 회화연습1

A：韓国は どんな国ですか。

B：＿＿＿＿＿＿＿＿＿＿です。

■ 회화연습2

A：韓国は どこが 有名ですか。

B：＿＿＿＿＿＿＿＿＿＿です。

A：それでは、＿＿＿＿＿＿＿＿は どんなところですか。

B：＿＿＿＿＿＿＿＿＿＿です。

- 吉田(よしだ)
- 親切(しんせつ)だ　친절하다
- ハンサムだ　잘생기다
- 富士山(ふじさん)　후지산
- 山(やま)　산
- 美(うつく)しい　아름답다
- 問題(もんだい)　문제
- 簡単(かんたん)だ　간단하다
- デザイン　디자인
- シンプルだ　심플하다
- 京都(きょうと)　쿄도
- りっぱだ　훌륭하다
- 着物(きもの)　기모노
- カラフルだ　화려하다
- 高級(こうきゅう)だ　고급스럽다
- 国(くに)　나라

6課 和食と洋食とどちらが好きですか。

6. 和食と洋食とどちらが好きですか。

▌학습포인트▐

- ～と～と　どちらが　～ですか
- ～の中で　～が　一番　～ですか。
- の

회 화

【レストランで】

木村：　李さんは　和食と洋食と　どちらが　好きですか。

李：　和食の方が　好きです。

朴：　私は　どちらも　好きです。

木村：　じゃ、李さんは　和食の中で　何が　一番　好きですか。

李：　お寿司が　一番　好きです。

朴：　あっ、そうだ。木村さんの趣味は　料理でしょう。

李：　えっ、ほんとうですか。私の趣味は　スポーツです。

木村：　じゃ、スポーツの中で　何が　一番　上手ですか。

李：　あまり　上手ではありませんが、サッカーが　一番　好きです。

朴：　日本では　野球と　サッカーと　どちらが　人気ですか。

木村：　今は　野球より　サッカーの方が　人気です。

해 석

【레스토랑에서】

木村： 李○○씨는 일식과 양식 중에서 어느 쪽을 좋아합니까?

李： 일식을 더 좋아합니다.

朴： 저는 모두 좋아합니다.

木村： 그럼, 李○○씨는 일식 중에서 무엇을 가장 좋아합니까?

李： 초밥을 가장 좋아합니다.

朴： 아, 맞다. 木村씨의 취미는 요리지요.

李： 어, 정말입니까? 저의 취미는 운동입니다.

木村： 그럼, 스포츠 중에서 무엇을 가장 잘 하십니까?

李： 별로 잘하지는 않지만, 축구를 가장 좋아합니다.
일본에서는 야구와 축구 중에서 어느 쪽이 인기입니까?

木村： 지금은 야구보다 축구가 더 인기입니다.

단 어

- 和食(わしょく) 일식
- 洋食(ようしょく) 양식
- と 와/과, 하고
- どちら 어느 쪽
- 好(す)きだ 좋아하다 ▶「～が好きだ」 “～을/를 좋아하다”이며
  「大好(だいす)きだ」는 “너무 좋아하다”
- 方(ほう) 쪽, 편
- どちらも 양쪽 다, 모두
- 中(なか) 중, 가운데
- 一番(いちばん) 가장
- お寿司(すし) 초밥
- 趣味(しゅみ) 취미
- 料理(りょうり) 요리

- でしょう　이지요
- スポーツ　스포츠
- 上手(じょうず)だ　잘하다, 능숙하다　▶「～が上手だ」"～을/를 잘하다"
- サッカー　축구
- 野球(やきゅう)　야구
- 人気(にんき)　인기

문 법

1. ～と～と　どちらが　～ですか : 양자비교

예) 李さんは　和食と洋食と　どちらが　好きですか。
이○○씨는 일식과 양식 중에서 어느 쪽을 좋아합니까?

두 가지 내용을 비교할 때 사용하는 표현이며 비교내용과 상관없이 「どちら」를 써야 한다.

・A : 日本語と　英語(えいご)と　どちらが　難(むずか)しいですか。

일본어와 영어 중에서 어느 쪽이 어렵습니까?

B : (日本語より)英語の方が　難しいです。(일본어보다) 영어가 더 어렵습니다.
どちらも　難しいです。양쪽 다 어렵습니다.

2. ～の中で　～が　一番　～ですか : 다수비교

> **예)** 李さんは　和食の中で　何が　一番　好きですか。
> **이○○씨는 일식 중에서 무엇을 가장 좋아합니까?**

세 가지 이상을 비교할 때 사용하며, 「一番(いちばん)」은 "제일, 가장"이란 뜻으로 부사적으로 쓰인다.

・A : クラスの中で　だれが　いちばん　背(せ)が高(たか)いですか。

　　학급 안에서 누가 가장 키가 큽니까?

　B : 佐藤(さとう)さんが　一番　背が高いです。佐藤씨가 가장 키가 큽니다.

・A : 果物(くだもの)の中で　何が　いちばん　好きですか。과일 중에서 무엇을 가장 좋아합니까?

　B : りんごが　いちばん　好きです。사과를 가장 좋아합니다.

※또한 구체적으로 비교할 내용 등을 열거할 수도 있다.

・バスと電車(でんしゃ)と車(くるま)の中で　どれが　いちばん　便利(べんり)ですか。

　버스와 전철과 자동차 중에서 어느 것이 가장 편리합니까?

・東京(とうきょう)と大阪(おおさか)と京都(きょうと)の中で　どこが　いちばん　大きいですか。

　東京과 大阪와 京都 중에서 어디가 가장 큽니까?

3. ～が上手ですか : ～을/를 잘합니까?

예) 木村さんは　料理が　上手ですか。木村씨는 **요리를 잘 합니까?**

な형용사 중에서 「好きだ、 嫌いだ、 上手だ、 下手だ」 등은 "～을/를 좋아하다, ～을/를 싫어하다, ～을/를 잘하다, ～을/를 잘 못하다"라고 표현할 때는 조사 「を」를 쓰지 않고 반드시「が」를 취한다.

・私は　果物が　好きです。저는 과일을 좋아합니다.

・あなたは　歌が　上手ですね。당신은 노래를 잘하네요.

4. が : 접속조사

예) あまり　上手ではありませんが、サッカーが　一番　好きです。
별로 잘하지는 않지만, 축구를 가장 좋아합니다.

두 개의 문장을 연결하거나 반대되는 두 문장을 접속시킬 때 사용한다.

・すみませんが、ここは　ソウル駅ですか。미안합니다만, 여기는 서울역입니까?

・山下ですが、李さんの家ですか。　山下입니다만, 이○○씨 집입니까?

・日本語は　やさしいですが、英語は　難しいです。일본어는 쉽지만, 영어는 어렵습니다.

연 습

1. **A**：李さんは　和食と　洋食と　どちらが　好きですか。

B：私は　和食の方が　好きです。

a. 東京　/　ソウル　/　人口が多い

b. バス　/　タクシー　/　速い

c. 海　/　山　/　好きだ

2. **A**：スポーツの中で　何が　一番　好きですか。

B：(サッカー)が　一番　好きです。

a. 韓国料理　/　何　/　おいしい

b. 観光地　/　どこ　/　有名だ

c. 一週間　/　いつ　/　忙しい

3. あまり上手ではありませんが、サッカーが好きです。

a. ダイヤモンドは　きれいだ　/　値段が高い

b. 日本語は　難しい　/　面白い

c. このペンションは　小さい　/　すてきだ

■ 회화연습1

A：______と______と　どちらが　好きですか。

B：私は________の方が好きです。

■ 회화연습2

A：__________さんの趣味は　何ですか。

B：わたしの趣味は　__________です。

- ソウル　서울
- 人口(じんこう)　인구
- 多(おお)い　많다
- バス　버스
- タクシー　택시
- 速(はや)い　빠르다
- 海(うみ)　바다
- 山(やま)　산
- 韓国料理(かんこくりょうり)　한국요리
- 観光地(かんこうち)　관광지
- 一週間(いっしゅうかん)　일주일
- いつ　언제
- 忙(いそが)しい　바쁘다
- ダイヤモンド　다이아몬드
- 値段(ねだん)　가격
- 高(たか)い　비싸다
- 難しい(むずか)しい　어렵다
- 面白(おもしろ)い　재미있다
- ペンション　펜션
- 小(ちい)さい　작다
- すてきだ　멋지다

7課 この日本人形はいくらですか。

7. この日本人形はいくらですか。

▌학습포인트▐

- いくらですか
- ください
- 조수사(円, 枚, 人등)

회 화

【ホテルのお土産コーナーで】

朴： あのハンカチは　いくらですか。

店員： あちらは　一枚　800円になります。

朴： 二人の友達、三人の家族のお土産だから、全部で　5枚　ください。

李： この日本人形は　いくらですか。

店員： こちらは　6300円です。お客様、どちらも　日本的で　お勧め商品です。

李： じゃ、日本人形　一つ　ください。

店員： はい、かしこまりました。お会計は　ご一緒ですか、別々ですか。

朴： 一緒に　お願いします。

店員： 全部で　税金込みで　10,815円になります。

朴： じゃ、これで　お願いします。

店員： 185円のおつりです。どうも　ありがとうございました。

해 석

【호텔 선물코너에서】

朴 : 저 손수건은 얼마입니까?

店員 : 저것은 1장에 800엔이 되겠습니다.

朴 : 친구 2명, 가족 3명의 선물이니까 전부해서 5장 주십시오.

李 : 이 일본인형은 얼마입니까?

店員 : 이것은 6300엔입니다. 손님, 양쪽 다 일본적이라서 추천상품입니다.

李 : 그럼, 일본인형 1개 주십시오.

店員 : 예, 알겠습니다. 계산은 같이 할까요? 따로할까요?

朴 : 같이 해 주십시오.

店員 : 전부 세금포함해서 10,815엔이 되겠습니다.

朴 : 그럼, 이것으로 계산해 주십시오.

店員 : 185엔 거스름돈입니다. 대단히 감사합니다.

단 어

- 日本人形(にほんにんぎょう) 일본인형
- いくら 얼마
- お土産(みやげ)コーナー 선물코너
- ハンカチ 손수건
- あちら 저쪽, 저것 ▶고객에게는 사물일지라도 방향을 나타내는 지시대명사를 사용함
- 一枚(いちまい) 1장
- 800円(はっぴゃくえん) 800엔
- ～になる ～이/가 되다
- 二人(ふたり) 두 명, 두 사람
- 友達(ともだち) 친구
- 三人(さんにん) 세 명, 세 사람
- 家族(かぞく) 가족

- 5枚(ごまい)　5장
- ください　주십시오
- 6300円(ろくせんさんびゃくえん)　6300엔
- お客様(きゃくさま)　손님　▶「お」는 존경의 접두어
- 3500円(さんぜんごひゃくえん)　3500엔
- どちらも　양쪽 다, 모두
- 日本的(にほんてき)　일본적
- お勧(すす)め商品(しょうひん)　추천상품
- 一(ひと)つ　한 개
- かしこまりました　알겠습니다　▶일상회화에서는 「わかりました」라고 함
- お会計(かいけい)　계산　▶「お」는 존경의 접두어
- ご一緒(いっしょ)　함께, 같이　▶「ご」는 존경의 접두어
- 別々(べつべつ)　따로따로　▶「々」는 한자가 중복될 때 사용함
- 全部(ぜんぶ)で　전부해서
- 税金込(ぜいきんこ)み　세금포함
- 10,815円(いちまんはっぴゃくじゅうごえん)　10,815엔
- これで　이것으로
- 185円(ひゃくはちじゅうごえん)　185엔
- おつり　거스름돈

문 법

1. いくらですか : 얼마입니까?

예) あのハンカチは　いくらですか。저 손수건은 얼마입니까?

「いくらですか」는 한국어로 "얼마입니까"라는 뜻으로 가격을 묻는 표현이며 확실하지 않은 경우에는 「ぐらい(또는 くらい)」를 붙여 「いくらぐらい(얼마 정도, 어느 정도)」로 할 수 있다.

・あの　赤いかばんは　いくらですか。저 빨간 가방은 얼마입니까?

・韓国の携帯電話は　いくらぐらいですか。한국 휴대폰은 얼마정도입니까?

・これ、いくら？ 이거, 얼마?

2. 조수사

◆ (수량 ―개)

一つ	二つ	三つ	四つ	五つ
ひとつ	ふたつ	みっつ	よっつ	いつつ
六つ	七つ	八つ	九つ	十
むっつ	ななつ	やっつ	ここのつ	とお

・机(つくえ)は　いくつですか。책상은 몇 개입니까?

・おいくつですか。몇 살입니까?

◆ (수량 ―장) 얇고 평평한 물건을 세는 단위

一枚	二枚	三枚	四枚	五枚
いちまい	にまい	さんまい	よんまい	ごまい
六枚	七枚	八枚	九枚	十枚
ろくまい	ななまい	はちまい	きゅうまい	じゅうまい

・CDは　何枚(なんまい)ですか。CD는 몇 장입니까?

・映画(えいが)の切符(きっぷ)を　二枚(にまい)　ください。영화표를 2장 주십시오.

◆ (수량 ㅡ사람)

一人	二人	三人	四人	五人	六人
ひとり	ふたり	さんにん	よにん	ごにん	ろくにん
七人	八人	九人	十人	何人	
ななにん しちにん	はちにん	きゅうにん	じゅうにん	なんにん	

3. ~(を)ください : ~을/를 주십시오

- 水(みず) ください。물 주십시오.
- コーヒーを　三つ　ください。커피 3잔 주십시오.
- ハンバーガー　一つと　コーラ　二つ　ください。햄버거 1개하고 콜라 2개 주십시오.
- 安いの(を)　ください。싼 것을 주십시오.

4. で : ~에, ~해서

수량, 가격, 시간을 나타내는 말과 같이 쓰여서 한정이나 합계를 가리킨다.

- 二つで　いくらですか。2개에 얼마입니까?
- 全部で　10,000円です。전부해서 10,000엔입니다.

연 습

1. **A** : この日本人形は　いくらですか。

   B : こちらは　**6300**円です。

   a. キーホルダー　/　500円

   b. スカーフ　/　2000円

   c. 化粧品　/　3500円

2. ハンカチを　**2**枚　ください。

   a. 本　/　3冊

   b. ブローチ　/　1個

   c. たばこ　/　5箱

3. **A** : ハンバーガー　一つと　コーヒー　二つ　ください。

   B : はい、全部で＿＿＿＿＿＿＿＿になります。

   a. ラーメン(800円)　二つ　/　ギョーザ(400円)　一つ

   b. コーラ(120円)　四つ　/　サンドイッチ(450円)　三つ

   c. 大人(1000円)　1枚　/　小人(800円)　2枚

■ 회화연습1

A：すみません。この ________は　いくらですか。

B：こちらは ________円になります。

A：そうですか。じゃ、________をください。

B：はい。かしこまりました。

■ 회화연습2

A：すみません。________は　日本では　いくらですか。

B：________円です。

A：そうですか。

- キーホルダー　열쇠고리
- スカーフ　스카프
- 化粧品(けしょうひん)　화장품
- 本(ほん)　책
- 冊(さつ)　권
- ブローチ　브로치
- 個(こ)　개(조수사)
- 煙草(たばこ)　담배
- 箱(はこ)　상자, 갑
- ハンバーガー　햄버거
- コーヒー　커피
- ラーメン　라면
- ギョーザ　만두
- コーラ　콜라
- サンドイッチ　샌드위치
- 大人(おとな)　어른
- 小人(こども)　소인, 어린이

日本のお金(かね)

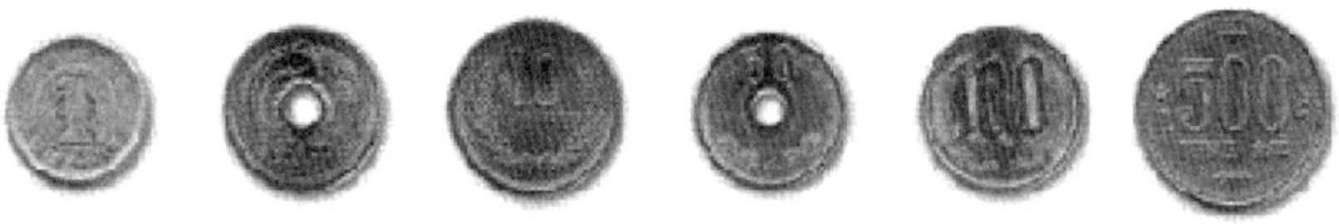

1円 5円 10円 50円 100円 500円

せんえん
千円

せんえん
5 千円

まんえん
1 万円

8課 今日は何日ですか。

8. 今日は何日ですか。

▌학습포인트▐

- 日、月、曜日
- いつですか
- 조수사(泊)

회 화

【デパートで】

朴：　今日は　何日ですか。

木村：　今日は　5月4日で、祝日です。

日本は　4月29日から5月5日までが　ゴールデンウィークです。

李：　わー、7日間も。うらやましいですね。

韓国は　日本よりは　長くはありませんが、お正月と　秋夕の連休があります。

朴：　あっ、今日は　何曜日ですか。

木村：　木曜日です。帰国は　いつですか。

李：　今週の日曜日です。観光は　金曜日と土曜日の二日間だけです。

木村：　今度の3泊4日の日程は　とても短いですね。

해 석

【백화점에서】

朴 : 오늘은 며칠입니까?

木村 : 오늘은 5월4일이고, 공휴일입니다.

일본은 4월29일부터 5월5일까지가 골든위크입니다.

李 : 와-, 7일간이나요. 부럽네요.

한국은 일본보다는 길지는 않지만, 정월과 추석 연휴가 있습니다.

朴 : 앗, 오늘은 무슨 요일입니까?

木村 : 목요일입니다. 귀국은 언제입니까?

李 : 이번주 일요일입니다. 관광은 금요일과 토요일 이틀뿐입니다.

木村 : 이번 3박4일의 일정은 너무 짧네요.

단 어

- 何日(なんにち) 몇 일
- デパート 백화점
- 今日(きょう) 오늘
- 5月4日(ごがつ よっか) 5월4일
- 祝日(しゅくじつ) 공휴일, 축일
- 4月29日(しがつ にじゅうくにち) 4월29일
- 5月5日(ごがつ いつか) 5월5일
- ゴールデンウィーク 골든위크(황금연휴)
- 7日間(なのかかん) 7일간
- も 이나 ▶생각보다 많은 숫자나 수량일 때 사용함
- うらやましい 부럽다
- より 보다
- 長(なが)い 길다

- お正月(しょうがつ)　정월　▶1월1일로 「お雑煮(ぞうに)」라는 일본식 떡국과 「お節料理(せちりょうり)」라는 정월에만 먹는 요리를 먹음
- 秋夕　추석　▶일본에서는 「お盆(ぼん)」이라고 함
- 連休(れんきゅう)　연휴
- あります　있습니다
- 何曜日(なんようび)　무슨 요일
- 木曜日(もくようび)　목요일
- 帰国(きこく)　귀국
- いつ　언제
- 今週(こんしゅう)　이번 주
- 日曜日(にちようび)　일요일
- 金曜日(きんようび)　금요일
- 土曜日(どようび)　토요일
- 二日間(ふつかかん)　이틀간
- だけ　만, 뿐
- 今度(こんど)　이번
- 3泊4日(さんぱくよっか)　3박4일
- 日程(にってい)　일정
- 短(みじか)い　짧다

문 법

1. 月(がつ)・日(にち)・曜日(ようび) : 월・일・요일

◆ 월

1月	2月	3月	4月	5月	6月
いちがつ	にがつ	さんがつ	しがつ	ごがつ	ろくがつ
7月	8月	9月	10月	11月	12月
しちがつ	はちがつ	くがつ	じゅうがつ	じゅういちがつ	じゅうにがつ

◆ 요일과 일

日曜日(にちようび)	月曜日(げつようび)	火曜日(かようび)	水曜日(すいようび)	木曜日(もくようび)	金曜日(きんようび)	土曜日(どようび)
	1日 ついたち	2日 ふつか	3日 みっか	4日 よっか	5日 いつか	6日 むいか
7日 なのか	8日 ようか	9日 ここのか	10日 とおか	11日 じゅういちにち	12日 じゅうににち	13日 じゅうさんにち
14日 じゅうよっか	15日 じゅうごにち	16日 じゅうろくにち	17日 じゅうしちにち	18日 じゅうはちにち	19日 じゅうくにち	20日 はつか
21日 にじゅういちにち	22日 にじゅうににち	23日 にじゅうさんにち	24日 にじゅうよっか	25日 にじゅうごにち	26日 にじゅうろくにち	27日 にじゅうしちにち
28日 にじゅうはちにち	29日 にじゅうくにち	30日 さんじゅうにち	31日 さんじゅういちにち			

2. 시간관련 표현

一昨日	昨日	今日	明日	明後日	毎日
おととい	きのう	きょう	あした	あさって	まいにち
先々週	先週	今週	来週	再来週	毎週
せんせんしゅう	せんしゅう	こんしゅう	らいしゅう	さらいしゅう	まいしゅう
先々月	先月	今月	来月	再来月	毎月
せんせんげつ	せんげつ	こんげつ	らいげつ	さらいげつ	まいげつ まいつき
一昨年	去年/昨年	今年	来年	再来年	毎年
おととし	きょねん さくねん	ことし	らいねん	さらいねん	まいとし まいねん

3. ～泊(はく)：～박

1泊2日	2泊3日	3泊4日	4泊5日	5泊6日
いっぱくふつか	にはくみっか	さんぱくよっか	よんぱくいつか	ごはくむいか
6泊7日	7泊8日	8泊9日	9泊10日	何泊何日
ろっぱくなのか	ななはくようか	はっぱくここのか	きゅうはくとおか	なんぱくなんにち

일본의 공휴일

1월1일	お正月
1월 두 번째 월요일	成人の日
2월11일	建国記念日
2월3/4일	春分
4월29일	緑の日
5월3일	憲法記念日
5월5일	こどもの日
7월 세 번째 월요일	海の日
9월 세 번째 월요일	敬老の日
9월23일경	秋分
10월 두 번째 월요일	体育の日
11월3일	文化の日
11월23일	勤労感謝の日
12월23일	天皇誕生日

연 습

1. 今日は　何月　何日　何曜日ですか。

a.	b.	c.
11月 7日 木曜日	1月 14日 土曜日	7月 20日 火曜日

2. 今日は　5月4日で　祝日です。

a. 5月5日　/　子供の日

b. 2月14日　/　バレンタインデー

c. 12月24日　/　クリスマスイブ

3. 4月29日から　5月4日までが　ゴールデンウィークです。

a. 8月14日　/　8月20日　/　テスト

b. 7月　/　9月　/　夏休み

c. 月曜日　/　土曜日　/　バーゲンセール

■ 연습문제1

A：今日は　何月　何日ですか。

B：____は　____月　____日です。

SUNDAY	MONDAY	TUESDAY	WEDNESDAY	THURSDAY	FRIDAY	SATURDAY
1	2	3 ♥ デート	4	5	6  父の Birthday	7
8	9 S社 面接	10	11	12	13  ← 日本旅行	14
15 →	16	17	18	19	20 映画	21
22	23	24  My Birthday	25	26	27 ← MT	28 →
29	30 友達と 約束	31				

■ 연습문제2

A：あなたの誕生日は　何月何日ですか。

B：私の誕生日は________月　________日です。

- 祝日(しゅくじつ)　공휴일, 축일
- 子供(こども)の日(ひ)　어린이 날
- バレンタインデー　발렌타인데이
- クリスマスイブ　크리스마스 이브
- テスト　테스트
- 夏休み(なつやす)み　여름방학
- バーゲンセール　바겐세일
- デート　데이트
- 父(ちち)　아버지
- 面接(めんせつ)　면접
- 日本旅行(にほんりょこう)　일본여행
- 映画(えいが)　영화
- 誕生日(たんじょうび)　생일

9課 テーブルの上にお茶がありますね。

9. テーブルの上にお茶がありますね。

▌학습포인트▌

- ある / いる
- 위치표현
- ～に　あります / います

회 화

【ホテルのルームで】

朴：　ベッドの上に　ある　ものは　何ですか。

木村：浴衣です。

朴：　テーブルの上に　お茶が　ありますね。

木村：このお茶は　ただです。日本では　歯ブラシと歯磨き粉も　ただです。

朴：　わー、いいですね。この部屋は　少し　暑くないですか。

　　　クーラーのリモコンは　どこに　ありますか。

木村：テレビの横に　あります。

朴：　テレビの横には　何も　ありませんよ。あっ、テレビの下に　あります。

　　　ところで、李さんは　どこに　いますか。

木村：李さんは　トイレに　います。

해 석

【호텔 방에서】

朴 : 침대 위에 있는 것은 무엇입니까?

木村 : 유카타입니다.

朴 : 테이블 위에 녹차가 있네요.

木村 : 이 녹차는 공짜입니다. 일본에서는 칫솔하고 칫약도 공짜입니다.

朴 : 와ー, 좋네요. 이 방은 조금 덥지 않습니까?
에어콘 리모콘은 어디에 있습니까?

木村 : 텔레비전 옆에 있습니다.

朴 : 텔레비전 옆에는 아무것도 없어요. 앗, 텔레비전 밑에 있습니다.
그런데 李○○씨는 어디에 있습니까?

木村 : 李○○씨는 화장실에 있습니다.

단 어

- ルーム　룸, 방
- ベッド　침대
- 上(うえ)　위
- に　에　▶위치한 장소를 나타내는 조사
- ある　있다(사물 · 식물)　▶あります
- もの(物)　물건, 것
- 浴衣(ゆかた)　▶아래위에 걸쳐서 입는 두루마기 모양의 긴 무명 홑옷으로 목욕후 또는 여름철에 입음
- お茶(ちゃ)　녹차, 차
- テーブル　테이블
- ただ　공짜
- ～では　～에서는
- 歯(は)ブラシ　칫솔

- 歯磨(はみが)き粉(こ)　치약
- 部屋(へや)　방, 객실
- 少(すこ)し　조금
- 暑(あつ)い　덥다
- クーラー　에어콘　▶「エアコン」이라고도 함
- リモコン　리모콘
- テレビ　텔레비젼
- 横(よこ)　옆
- 何(なに)も　아무것도
- 下(した)　아래, 밑
- ところで　그런데
- いる　있다(사람・동물)　▶います
- トイレ　화장실　▶「バスルーム」라고도 하며 보통 일반가정에서는「お風呂(ふろ) 욕실」이라고 함. 그리고 일본에서는 목욕탕과 화장실은 분리되어 있음

문 법

1. あります/ います : 존재동사

있다	있습니다	없습니다
ある(무생물, 식물)	あります	ありません
いる(사람, 동물)	います	いません

※존재의 주체가 사람일지라도 존재나 소유를 강조 할 때는 「あります」를 쓸 수도 있다.

・あの人は 恋人(こいびと)が あります。저 사람은 애인이 있습니다.

2. 위치명사

위	가운데, 안, 속	아래
上(うえ)	中(なか)	下(した)
앞	뒤	밖
前(まえ)	後(うし)ろ	外(そと)
옆	옆	옆, 근처
横(よこ)	隣(となり)	側(そば)
왼쪽	오른쪽	주위
左(ひだり)	右(みぎ)	回(まわ)り

3. ～は　～に　あります/います：～은/는 ～에 있습니다

- 鈴木(すずき)さんは どこに　いますか(=どこですか)。 鈴木씨는 어디에 있습니까?
- 病院は　銀行(ぎんこう)のとなりに　あります。 병원은 은행 옆에 있습니다.
- 先生の本は　引(ひ)き出(だ)しの中に　あります。 선생님 책은 서랍 안에 있습니다.
- 財布(さいふ)は　椅子(いす)の上には　ありません。 지갑은 의자 위에는 없습니다.

가족 명칭

	자기 가족	남의 가족
할아버지	祖父(そふ)	お祖父(じい)さん
할머니	祖母(そぼ)	お祖母(ばあ)さん
아버지	父(ちち)	お父(とう)さん
어머니	母(はは)	お母(かあ)さん
형, 오빠	兄(あに)	お兄(にい)さん
누나, 언니	姉(あね)	お姉(ねえ)さん
여동생	妹(いもうと)	妹(いもうと)さん
남동생	弟(おとうと)	弟(おとうと)さん

연 습

1. **A** : ベッドの　上に　何が　ありますか。

B : ゆかたが　あります。

a. テーブル　/　下　/　スリッパ

b. テレビ　/　横　/　電話

c. タンス　/　中　/　ハンガー

2. **A** : クーラーのリモコンは　どこに　ありますか。

B : クーラーのリモコンは　テレビの横に　あります。

a. 駐車場　/　地下１階

b. 婦人服売り場　/　3階

c. アクセサリー売り場　/　6階

3. **A** : 李さんは　どこに　いますか。

B : 李さんは　洗面所に　います。

a. 中村さん　/　フィットネスクラブ

b. 朴さん　/　免税店

c. 石井さん　/　カジノ

■ 회화연습1

A.＿＿＿＿＿さんは　どこに　いますか。

B.＿＿＿＿＿に　います。

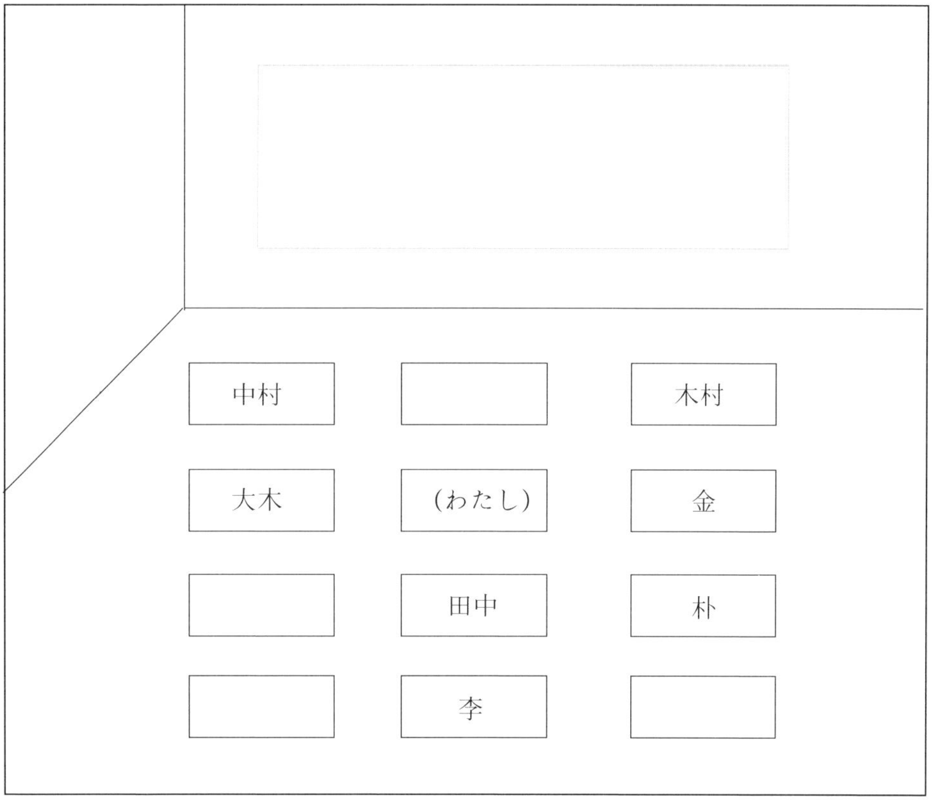

■ 회화연습2

A.＿＿＿＿＿は　どこに　ありますか。

B.＿＿＿＿＿に　あります。

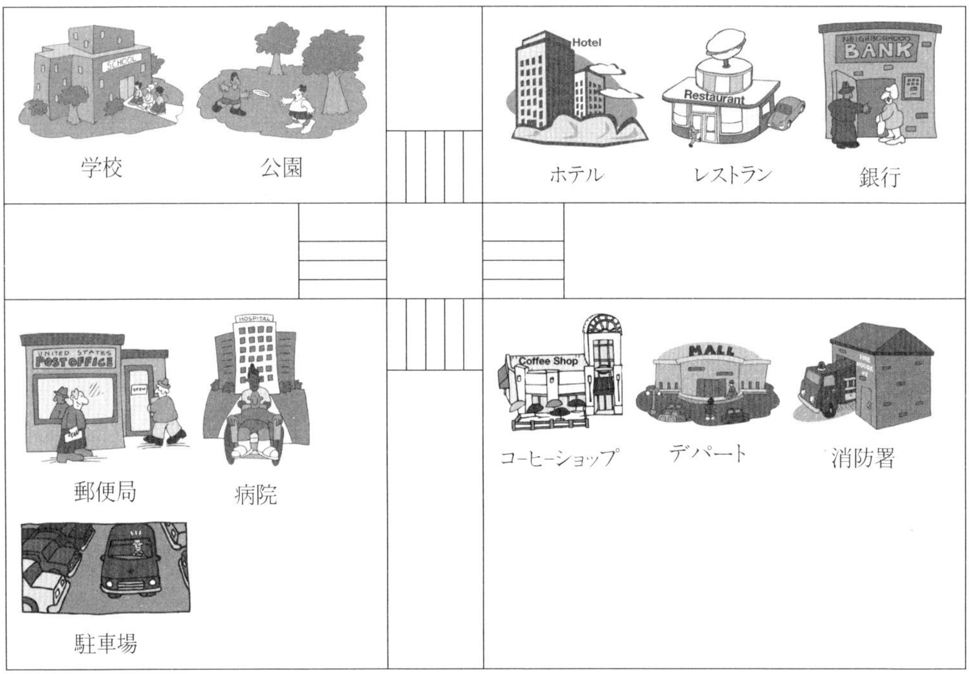

- スリッパ　슬리퍼
- 電話(でんわ)　전화
- タンス　장롱, 서랍장
- ハンガー　옷걸이
- 地下(ちか)　지하
- 婦人服(ふじんふく)　부인복
- 売り場(うりば)　매장
- アクセサリー　액세서리
- 洗面所(せんめんじょ)　세면장
- フィットネスクラブ　헬스클럽
- 免税店(めんぜいてん)　면세점
- カジノ　카지노
- 大木(おおき)
- 学校(がっこう)　학교
- 公園(こうえん)　공원
- 銀行(ぎんこう)　은행
- 郵便局(ゆうびんきょく)　우체국
- 駐車場(ちゅうしゃじょう)　주차장
- 病院(びょういん)　병원
- 消防署(しょうぼうしょ)　소방소

10課 何をしますか。

10. 何をしますか。

▌학습포인트▐

- ～ます、 ～ますか
- ～ません、 ～ませんか
- ので

회 화

【ホテルのルームで】

朴： おはようございます。今日は いい天気ですね。

木村： ええ、本当に 旅行日和ですね。

李： 木村さん。今日のスケジュールは？

木村： 地下鉄で 上野公園に 行きます。

李： じゃ、それから 何を しますか。

木村： 近くで 焼き肉を 食べる予定です。

李： 久しぶりに いいですね。

朴： せっかくですので、ビールでも 飲みませんか。

木村： 焼き肉には やっぱり 焼酎ですよ。

해 석

【호텔 방에서】

朴 : 안녕하세요. 오늘 좋은 날씨네요.

木村 : 네, 진짜로 여행하기 좋은 날씨네요.

李 : 木村씨. 오늘 스케줄은?

木村 : 지하철로 上野공원에 갑니다.

李 : 그럼, 그리고 나서 무엇을 합니까?

木村 : 근처에서 焼き肉를 먹을 예정입니다.

李 : 오래간만에 좋지요.

朴 : 모처럼이니까 맥주라도 마시지 않겠습니까?

木村 : 焼き肉에는 역시 소주예요.

단 어

- 天気(てんき) 날씨
- 本当(ほんとう)に 정말로, 진짜로
- 旅行日和(りょこうびより) 여행하기 좋은 날씨

  ▶「日和(ひより)」는 "좋은 날씨"라는 뜻으로 앞에 명사를 넣어 「秋日和(あきびより)(화창한 가을 날씨)」, 洗濯日和(せんたくびより)(빨래하기 좋은 날씨)」 등과 같이 쓰임
- スケジュール 스케줄
- 地下鉄(ちかてつ) 지하철 ▶「~に乗(の)る(~을/를 타다)」
- で 으로 ▶수단, 방법 등을 나타내는 조사
- 上野公園(うえのこうえん) 우에노공원
- 行(い)く 가다 ▶いきます
- それから 그리고 나서, 그리고(또)
- する 하다 ▶します

- 近(ちか)く 근처 ▶형용사가 명사가 된 경우로 「遠(とお)くの山(먼산)」 「多(おお)くの人(많은 사람)」 등이 있음
- 焼き肉(やきにく) 일본식 불고기
- 食(た)べる 먹다 ▶たべます
- 予定(よてい) 예정
- 久(ひさ)しぶりに 오래간만에
- せっかく 모처럼
- ～ですので ～이기 때문에
- ビール 맥주
- でも 라도
- 飲(の)む 마시다 ▶のみます
- ～ませんか ～지 않겠습니까?
- 焼酎(しょうちゅう) 소주

문 법

1. 동사의 종류

일본어의 동사 「う」段으로 끝나고 한국어와 마찬가지로 활용을 하는데, 이 활용의 종류에 따라 1그룹동사(5단동사), 2그룹동사(1단동사), 3그룹동사(변격동사)의 세 종류로 분류한다.

1그룹동사 (5단동사)	① 기본형이 「る」로 끝나지 않는 동사 예)買う(사다), 行く(가다), 泳ぐ(헤엄치다), 話す(이야기하다), 待つ(기다리다), 死ぬ(죽다), 呼ぶ(부르다), 飲む(마시다) ② 기본형이 「る」로 끝날 경우 「る」앞의 모음이 [a], [u], [o]인 동사 예) ある(있다), 降る(내리다), 取る(잡다)
2그룹동사 (1단 동사)	① 기본형이 「る」로 끝나며 「る」앞의 모음이 [i]段인 동사 예) 見る(보다), 起きる(일어나다) ② 기본형이 「る」로 끝나며 「る」앞의 모음이 [e]인 동사 예) 食べる(먹다), 寝る(자다)
3그룹동사 (불규칙동사)	3그룹동사는 단 2개뿐이다. 예) 来る(오다), する(하다)

※ 예외 1그룹동사(모양은 2그룹동사이지만, 활용은 1그룹동사의 규칙을 따르는 동사이다)

帰る(돌아가다), 知る(알다), 切る(자르다), 入る(들어가다), 要る(필요하다), 走る(달리다) 등

2. 동사의 ます형

1그룹동사	어미 「う」段을 「い」段으로 바꾸고 「ます」를 붙인다. 買う ⇒ かい＋ます ⇒ かいます(삽니다) 行く ⇒ いき＋ます ⇒ いきます(갑니다) 泳ぐ ⇒ およぎ＋ます ⇒ およぎます(헤엄칩니다) 話す ⇒ はなし＋ます ⇒ はなします(이야기합니다) 待つ ⇒ まち＋ます ⇒ まちます(기다립니다) 死ぬ ⇒ しに＋ます ⇒ しにます(죽습니다) 呼ぶ ⇒ よび＋ます ⇒ よびます(부릅니다) 飲む ⇒ のみ＋ます ⇒ のみます(마십니다) 降る ⇒ ふり＋ます ⇒ ふります(내립니다)
2그룹동사	어미 「る」를 없애고 「ます」를 붙인다. 見る ⇒ み＋ます ⇒ みます(봅니다) 起きる ⇒ おき＋ます ⇒ おきます(일어납니다) 食べる ⇒ たべ＋ます ⇒ たべます(먹습니다) 寝る ⇒ ね＋ます ⇒ ねます(잡니다)
3그룹동사	불규칙활용을 한다 来る ⇒ き＋ます ⇒ きます(옵니다) する ⇒ し＋ます ⇒ します(합니다)

3. 동사의 부정형

예) ビールでも 飲みませんか。**맥주라도 마시지 않겠습니까?**

「ます」를 「~ますか」, 「~ません」으로 바꾸면 의문문과 부정문이 된다.

・今　何を　しますか。지금 무엇을 합니까?

・朝(あさ)は　何も　食(た)べません。아침은 아무것도 안 먹습니다.

※상대방에게 권유를 하는 표현으로 「~ませんか」가 쓰인다.

・何か　飲(の)みませんか。뭔가 안 마실래요?

・いっしょに　行(い)きませんか。같이 안 갈래요?

4. ので : 원인, 이유

(예) せっかくですので、ビールでも 飲みませんか。**모처럼인데, 맥주라도 안 마실래요?**

「から」와「ので」는 이유와 원인을 나타내지만 「から」는 화자의 주관 즉 명령, 희망, 의지 등이 강하게 나타나고, 「ので」는 사실을 객관적으로 전달하려고 하는 비교적 부드럽고 겸손한 표현이다.

・外(そと)は寒(さむ)いから、家(うち)で遊(あそ)びましょう。밖은 추우니까 집에서 놉시다.

・まだ子供(こども)ですから、だめです。아직 어리기 때문에 안됩니다.

・今日(きょう)は忙(いそが)しいので　明日(あした)　行(い)きます。오늘은 바쁘니까 내일 가겠습니다.

연 습

1. 木村さんの一日のスケジュール

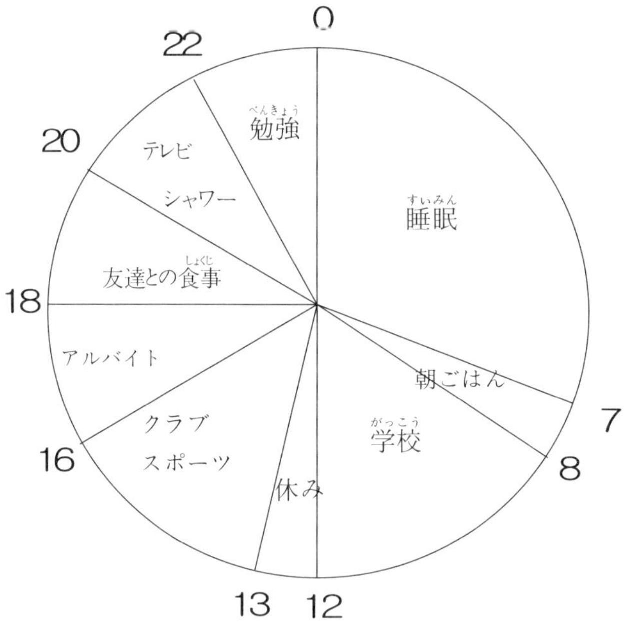

a. 何時に起きますか。

b. 何時に朝ご飯を食べますか。

c. 何時に学校へ行きますか。

d. 何時から何時まで勉強しますか。

e. 昼休みは何時から何時までですか。

f. アルバイトは何時から何時までですか。

g. 何時に友達に会いますか。

h. 何時に家へ帰りますか。

i. 家へ帰ってから何をしますか。

j. 何時に寝ますか。

■ 회화연습1

A：週末は　何を　しますか。

B：＿＿＿＿＿＿＿＿予定です。

■ 회화연습2

一日のスケジュールを書いてみましょう。

- 一日(いちにち)　하루
- スケジュール　스케줄 시간표
- 起(お)きる　일어나다
- 朝(あさ)ご飯(はん)　아침밥
- 学校(がっこう)　학교
- 勉強(べんきょう)する　공부하다
- 昼休(ひるやす)み　점심시간
- アルバイト　아르바이트
- 会(あ)う　만나다
- 家(うち・いえ)　집
- 帰(かえ)る　돌아가다, 돌아오다
- ～てから　～고 나서
- 寝(ね)る　자다
- 週末(しゅうまつ)　주말

11課　今日は何をしましょうか。

11. 今日は何をしましょうか。

▎학습포인트▎

- ～ました、～ませんでした
- ～ましょうか
- に

회 화

【ホテルのコーヒーショップで】

木村： ゆっくり休みましたか。昨日は　飲みすぎましたね。

朴： 私は　お酒が強いから、大丈夫ですよ。

木村： 李さんは　いかがですか。

李： 私は　少ししか　飲みませんでした。

木村： 朝ご飯は　食べましたか。

李： ええ、軽く　食べました。

木村： 今日は　何を　しましょうか。

李： 買い物に　行きましょう。

朴： 昨日は　あっちこっち　歩きまわりましたから、午後から　出発しましょう。

木村： その方が　いいですね。

해 석

【호텔 커피숍에서】

木村： 푹 주무셨습니까? 어제는 과음했네요.

朴： 저는 술이 세기 때문에 괜찮아요.

木村： 이○○씨는 어떠십니까?

李： 저는 조금밖에 마시지 않았습니다.

木村： 아침은 먹었습니까?

李： 예, 가볍게 먹었습니다.

木村： 오늘은 무엇을 할까요?

李： 쇼핑하러 갑시다.

朴： 어제는 여기저기 걸어 다녔으니까 오후부터 출발합시다.

木村： 그러는 편이 좋겠네요.

단 어

- コーヒーショップ 커피숍
- ゆっくり 푹, 편히, 충분히, 천천히
- 休(やす)む 쉬다, 자다 ▶やすみます
- 昨日(きのう) 어제
- 飲(の)みすぎる 과음하다, 너무 마시다 ▶동사 (ます형)이나 い형용사・な형용사 어간＋すぎる(지나치게 ~하다, 너무 ~하다)
- お酒(さけ) 술
- 強(つよ)い 강하다, 세다
- 大丈夫(だいじょうぶ)だ 괜찮다
- しか 밖에 ▶뒤에 반드시 부정을 취함
- 飲(の)む ▶のみます
- 朝ご飯(あさごはん) 아침밥 ▶「昼ご飯(ひるごはん)」“점심밥”、「晩ご飯(ばんごはん)」“저녁밥”이라고 하며, 「朝食(ちょうしょく)、昼食(ちゅうしょく)、夕食(ゆうしょく)」라는 표현을 사용하기도 함

- 軽(かる)く　가볍게　▶「~い」를 「~く」로 바꾸면 형용사의 부사화
- 食(た)べる　먹다　▶たべます
- しましょうか　할까요?
- 買い物(かいもの)　쇼핑, 물건사기, 장보기
- ~に　~하러(목적)
- 行(い)く　가다　▶いきます, 「いきましょう(갑시다)」
- あっちこっち　여기 저기
- 歩(ある)きまわる　걸어 다니다　▶「あるく(걷다)의 ます형」+「まわる(다니다)」의 복합동사
- 午後(ごご)　오후
- 出発(しゅっぱつ)する　출발하다
- その方(ほう)　그 쪽, 그 편

문 법

1. ～ました / ～ませんでした : 동사의 과거와 과거부정

예) ゆっくり 休みましたか。**편히 주무셨습니까?**

동사	과거형	行く ⇒ いきます ⇒ いきました(갔었습니다) 見る ⇒ みます ⇒ みました(봤습니다) 勉強する ⇒ 勉強します ⇒ 勉強しました(공부했습니다)
	과거부정형	行く ⇒ いきません ⇒ いきませんでした(가지 않았습니다) 見る ⇒ みません ⇒ みませんでした(보지 않았습니다) 勉強する ⇒ 勉強しません ⇒ 勉強しませんでした(공부하지 않았습니다)

2. ~すぎる : 너무 ~하다, 지나치게 ~하다

예) 昨日は　飲みすぎましたね。**어제는 과음했네요.**

「すぎる」는 정도가 적정선을 넘었음을 말하고 싶을 때 쓰이는 접미어로 부정적인 뉘앙스를 내포하고 있다. 동사의 「ます」형, 형용사어간에 접속한다.

- 食べすぎて　おなかがいっぱいです。과식해서 배가 부릅니다.
- この服(ふく)は10万円ですか。高すぎますよ。이 옷은 10만엔입니까? 너무 비싸요.
- このケーキは　甘(あま)すぎますよ。이 케익은 너무 달아요.

3. ~ましょう, ~ましょうか : 제안, 권유

예) 買い物に　行きましょう。**쇼핑하러 갑시다.**

「~ましょう」는 「ます」의 청유형으로 상대방에게 뭔가를 권하거나 자기의 의지를 나타내는 표현으로 「~ませんか(~하지 않겠습니까? / ~할래요?)」 「~ましょうか(~하실래요?)」라는 제안을 받았을 때의 대답으로도 사용한다.

- 7時に ホテルのロビーで　会いましょう。7시에 호텔 로비에서 만납시다.
- A : もう　そろそろ　帰りましょうか。이제 슬슬 (집에) 갈까요?
  B : ええ、そう　しましょう。예, 그렇게 합시다.

4. に : ～하러(동작의 목적)

동작의 의미를 갖는 명사의 뒤나 동사의 「ます」형에 목적을 나타내는 조사「に」를 붙이면 동작의 목적을 나타내게 된다. 이 경우에 반드시 「行く、来る、出かける、帰る」와 같은 이동동사를 수반한다.

- 日本へ 出張(しゅっちょう)に行きます。일본에 출장을 갑니다.
- 公園(こうこう)へ 散歩(さんぽ)に行きます。공원에 산책하러 갑니다.
- 映画館(えいがかん)へ 映画(えいが)を 見に行きます。영화관에 영화를 보러 갑니다.
- 図書館(としょかん)へ 勉強(べんきょう)しに出(で)かけます。도서관에 공부하러 나갑니다.

연 습

1. **A**：昨日は　お酒を　飲みましたか。

B：はい、飲みました。　/　いいえ、飲みませんでした。

a. 今朝 / 新聞 / 読む

b. 夕べ / 電話 / かける

c. 一昨日 / E-メール / 書く

2. デパートへ　買い物に　行きました。

a. 病院 / お見舞い / 行く

b. レストラン / 食事 / 出かける

c. アメリカ / 旅行 / 行く

3. **A**：何を　しましょうか。

B：買い物を　しましょう。

a. どこへ行く / 東京タワー

b. 何を食べる / サンゲタン

c. いつ会う / 明日の4時

■ 회화연습1 - (　　)안에 조사를 넣으시오.

・バス(　　)　ソウルまで　行きます。

・毎日　11時(　　)　寝ます。

・スポーツ(　　)　します。

・夏休みに　故郷(　　)　行きます。

・学校で　友達(　　)　会います。

■ 회화연습2

a. 朝食は　何を　食べましたか。

b. 昨日は　家で　何を　しましたか。

- 今朝(けさ)　오늘 아침
- 新聞(しんぶん)　신문
- 読(よ)む　읽다
- 夕(ゆう)べ　어젯밤
- 電話をかける　전화를 걸다
- 一昨日(おととい)　엊그제
- E-メール　전자메일
- 書(か)く　쓰다
- 病院(びょういん)　병원
- お見舞(みま)い　병문안
- 出(で)かける　외출하다, 나가다
- 東京(とうきょう)タワー　동경타워
- サンゲタン　삼계탕
- 明日(あした)　내일
- バス　버스
- 毎日(まいにち)　매일
- 夏休み(なつやす)み　여름방학
- 故郷(ふるさと)　고향
- 友達(ともだち)　친구
- 朝食(ちょうしょく)　조식

12課 安くていい店を知っていますか。

12. 安くていい店を知っていますか。

▌학습포인트▐

- 동사 て형
- ～ている
- ～てから

회 화

【駅で】

朴： 電気製品が　安くていい店を　知っていますか。

木村： 東京では　秋葉原が　有名です。

李： ここから　秋葉原は　近いですか。

木村： 地下鉄に乗って、10分ぐらいです。

秋葉原で　買い物してから、アメ横(よこ)まで　歩いて行って、そこで

何か　食べましょう。

朴： そう　しましょう。

それから、旅行の思い出として、はとバスに乗って、東京の夜景を見るのは どうですか。

木村： グットアイデア! 東京の夜景は　最高ですよ。

해 석

【역에서】

朴 : 전자제품이 싸고 좋은 가게를 알고 있습니까?

木村 : 東京에서는 秋葉原가 유명합니다.

李 : 여기에서 秋葉原는 가깝습니까?

木村 : 지하철을 타고 10분정도입니다.
秋葉原에서 쇼핑을 하고나서 アメ横까지 걸어가서, 거기에서 뭔가 먹읍시다.

朴 : 그렇게 합시다.
그리고 나서 여행의 추억으로 하토버스를 타고 東京 야경을 보는 것은 어떻습니까?

木村 : 좋은 생각이네요. 東京 야경은 최고예요.

단 어

- 駅(えき) 역
- 電気製品(でんきせいひん) 전자제품
- 安(やす)い 싸다
- 店(みせ) 가게
- 知(し)る 알다 ▶예외 1류 동사임
- 秋葉原(あきはばら) 전자제품과 관련된 상점들이 즐비한 쇼핑명소
- 有名(ゆうめい)だ 유명하다
- 近(ちか)い 가깝다
- 地下鉄(ちかてつ) 지하철
- 乗(の)る 타다 ▶「～に乗る」는 "～을/를 타다"
- ぐらい 정도 ▶명사이외에 접속할 때는 「くらい」가 됨
- ～てから ～하고나서

- アメ横(よこ)　東京에서 제일 번화한 재래시장임
- 歩(ある)く　걷다　▶「あるいて」
- 何(なに)か　뭔가
- それから　그리고 나서, 그리고 (또)
- 旅行(りょこう)　여행
- 思い出(おもいで)　추억
- として　로서
- はとバス　정기관광버스로　「はと」는 "비둘기"란 뜻임
- 夜景(やけい)　야경
- 見(み)る　보다
- グットアイデア　좋은 생각
- 最高(さいこう)　최고

문 법

1. 동사의 「て」형

1그룹동사	**① イ음편(い)** 동사의 기본형 「く」는 「いて」, 「ぐ」는 「いで」로 바뀐다. かく(쓰다) ⇒ かきます ⇒ かいて およぐ(헤엄치다) ⇒ およぎます ⇒ およいで ※「行く」는 예외적으로 「行いて」가 아닌 「行って」로 바뀜 **② 촉음편(っ)** 동사의 기본형「う、つ、る」는 「って」로 바뀐다. かう(사다) ⇒ かいます ⇒ かって まつ(기다리다) ⇒ まちます ⇒ まって わかる(알다) ⇒ わかります ⇒ わかって **③ 발음편(ん)** 동사의 기본형 「ぬ、む、ぶ」는 「んで」로 바뀐다. しぬ(죽다) ⇒ しにます ⇒ しんで よぶ(부르다) ⇒ よびます ⇒ よんで のむ(마시다) ⇒ のみます ⇒ のんで
2그룹동사	어미 「る」를 없애고 「て」를 붙인다. みる(보다) ⇒ みます ⇒ みて たべる(먹다) ⇒ たべます ⇒ たべて
3그룹동사	くる(오다) ⇒ きます ⇒ きて する(하다) ⇒ します ⇒ して

・友達に会って、映画を見て、帰りました。

친구를 만나서 영화를 보고 돌아왔습니다.

・デパートへ行って、おいしいものを食べて、買い物をして、本屋に寄って来ます。

백화점에 가서 맛있는 것을 먹고 쇼핑을 하고 책방에 들렀다 옵니다.

・風邪を引いて　薬を飲んで　寝ています。

감기가 들어서 약을 먹고 자고 있습니다.

2. ～ている : 동작의 진행, 상태

(1) 동작, 작용이 일정한 기간 계속되는 동사에 「ている」가 붙으면 그 동작이 진행중임을 나타낸다.

・子供は　外で　遊んでいます。아이는 밖에서 놀고 있습니다.

・今　雨が　降っています。지금 비가 내리고 있습니다.

(2) 동작, 작용이 순간적으로 끝나버리거나 상태를 나타내는 동사에 「ている」가 붙으면 동작의 결과로 인한 상태를 나타낸다.

・庭に　花が　咲いています。정원에 꽃이 피어 있습니다.

・妹は　アメリカに　行っています。여동생은 미국에 가 있습니다.

※「似る(닮다), 知る(알다), 持つ(가지다), すぐれる(뛰어나다), 覚える(기억하다)」등은 「ている」의 형태로 상태를 나타낸다.

3. 「～てから」 : ～고 나서

> **예)** 秋葉原で買い物してから、アメ横まで歩いて行きます。
> 秋葉原**에서 쇼핑하고 나서** アメ横**까지 걸어갑니다.**

「～てから」로 앞의 동작이나 상태가 끝나고 다른 일이 차례로 일어남을 나타낸다.

- 朝ごはんを　食べてから　歯を　磨きます。아침을 먹고 나서 이를 닦습니다.
- お風呂に入ってから　牛乳を　飲みます。목욕을 하고나서 우유를 마십니다.

※「～る前(に)」 : “～하기 전에”

- ご飯を食べる前に　手を洗います。밥을 먹기 전에 손을 씻습니다.

  ＝ご飯の前に　手を洗います。

4. 何か : 의문조사

> **예)** そこで　何か　食べましょう。**거기에서 뭔가 먹읍시다.**

- A : 部屋に　だれか　いますか。방에 누군가 있습니까?

  B : ┌ はい、います。예, 있습니다.
  　　└ いいえ、だれも　いません。아니오, 아무도 없습니다
- A : 部屋に　だれが　いますか。방에 누가 있습니까?

  B : 山田さんが　います。山田씨가 있습니다.
- どこかへ　行きましたか。어딘가에 갔었습니까?

연 습

1. はとバスに乗る。 / 東京の夜景を見る。

→ はとバスに乗って、東京の夜景を見ます。

a. まっすぐ行く / 右に曲がる →

b. 家に帰る / お風呂に入る →

c. 友だちが来る / いっしょに遊ぶ →

2. いい店を 知って います。

a. 日本語 / 勉強する

b. 辞書 / 引く

c. 料理 / 作る

3. 買い物をしてから アメ横に行きます。

a. 空港に着く / 航空券をもらう

b. 荷物を置く / 外出する

c. 宿題をする / 遊ぶ

■ 회화연습1

A：東京の夜景を みるのは　どうですか。

B：┌ それはいいですね。
　└ う～ん、それはちょっと…

■ 회화연습2

A：成田空港まで どのくらい かかりますか。

B：飛行機で 2時間ぐらいです。

- まっすぐ　곧장, 바로
- 右(みぎ)　오른쪽
- 曲(ま)がる　돌다, 굽다
- お風呂(ふろ)に入(はい)る　목욕하다
- 遊(あそ)ぶ　놀다
- 辞書(じしょ)を引(ひ)く　사전을 찾다
- 料理(りょうり)　요리
- 作(つく)る　만들다
- 空港(くうこう)　공항
- 着(つ)く　도착하다
- 航空券(こうくうけん)　항공권
- もらう　받다
- 荷物(にもつ)　짐, 화물
- 置(お)く　놓다, 두다
- 外出(がいしゅつ)する　외출하다
- 宿題(しゅくだい)　숙제
- どのくらい　어느 정도
- かかる　(시간이)걸리다, (비용이)들다
- 飛行機(ひこうき)　비행기

13課 ちょっと見せてください。

13. ちょっと見せてください。

▌학습포인트▐

- ～てください
- ～たい
- ～んです

회 화

【秋葉原の家電売り場で】

李： ソニーのデジカメが　ほしいんですが…

店員： デジカメでしたら、こちらへ　どうぞ。

ご希望のモデルが　ございますか。

李： 別に　ありませんが…

あっ、あれ　いいですね。ちょっと　見せてください。

店員： 申し訳ございません。あちらは　あいにく　売り切れです。

李： シンプルで　小さいものが　買いたいんですが…

店員： こちらが　30％割引の商品ですが、いかがですか。

朴： もう少し　まけてください。

店員： これ以上は　ちょっと…

李： しかたがないですね。それじゃ、それにします。

해 석

【秋葉原의 전자제품 매장에서】

李 : 소니 디지털카메라를 사고 싶습니다만…

점원 : 디지털카메라라면 이쪽으로 오십시오.
원하시는 모델이 있으십니까?

李 : 특별히 없습니다만…
아~, 저거 좋네요. 좀 보여 주십시오.

점원 : 죄송합니다. 저것은 공교롭게도 품절입니다.

李 : 심플하고 작은 것을 사고 싶습니다만…

점원 : 이쪽이 30%할인된 상품입니다만, 어떠십니까?

朴 : 좀 더 깎아 주십시오.

점원 : 더 이상은 좀…

李 : 어쩔 수 없네요. 그럼, 그것으로 하겠습니다.

단 어

- 家電(かでん) 가전, 가전제품
- 売り場(うりば) 매장
- ソニー SONY
- デジカメ 디지털카메라 ▶「デジタルカメラ」의 약자
- ほしい 원하다, 필요하다, 갖고 싶다, 사고 싶다
- 店員(てんいん) 점원
- ～でしたら ～이라면 ▶「です」에 가정형 「たら」가 연결된 것임
- ご希望(きぼう) 희망
- モデル 모델
- ございます 있습니다 ▶「ある」의 겸양어
- 別(べつ)に 특별히, 특히, 별로
- ちょっと 좀, 잠깐
- 見(み)せる 보여주다

- 申し訳(もうしわけ)ございません　죄송합니다　▶그 밖에 정중한 사과표현으로는 「おそれいります」도 있음
- あいにく　공교롭게도
- 売り切れ(うりきれ)　매진
- シンプルだ　심플하다, 간단하다
- 小(ちい)さい　작다
- もの(物)　사물, 물건, 것
- 買(か)う　사다
- 割引(わりびき)　할인
- 商品(しょうひん)　상품
- もう少(すこ)し　조금 더, 더욱　▶「もう」는 원래 "이미, 벌써"란 뜻이 있고, 뒤에 수량과 관련된 표현이 오면 "그 위에, 더욱"이란 뜻이 됨
- まける　깎다
- 以上(いじょう)　이상　▶반대말은 「以下(いか)」
- しかたがない　어쩔 수가 없다, 방법이 없다　▶또는 「しょうがない」
- ～にする　～으로 하다　▶「명사＋にする」는 자신의 결정을 나타냄

문 법

1. ～てください：～해 주십시오

예) ちょっと　見せてください。잠깐 보여 주십시오.

의뢰표현으로 일반적으로 쓰이지만 손윗사람이나 고객인 경우에는 때때로 직접 명령하는 느낌이 들 수 있으므로 삼가야 한다. 「～てくださいませんか」는 좀 더 공손한 의뢰표현이다.

・このカバンを　持(も)ってください。이 가방을 들어 주십시오.

・ドアを 閉(し)めてください。문을 닫아 주십시오.

・テレビを　つけてください。텔레비전을 켜 주십시오.

2. ほしい

예) ソニーのデジカメが　ほしいんですが... 소니의 디지털카메라를 사고 싶습니다만...

い형용사 「ほしい」는 "원하다, 필요하다"등의 뜻을 가지고 있으며 자신의 희망을 나타낼 때 사용한다. 특히 「ほしい」앞에는 일반적으로 조사「を」대신에 「が」를 사용한다.

・お金が　ほしいです。돈이 필요합니다.

・あたらしい　パソコンがほしいです。새 컴퓨터를 갖고 싶습니다.

・友達が ほしい。친구를 갖고 싶다.

※「のです」의 회화체로 말하는 사람의 기분이나 상황을 설명, 해설, 또는 강조하려고 하는 느낌을 나타내는 표현이다.

・何か　いいことが　あったんですか。무슨 좋은 일이 있었던 겁니까?

・ホテルを　予約(よやく)したいんですが… 호텔을 예약하고 싶습니다만…

・今日は　子供(こども)の誕生日(たんじょうび)なんです。오늘은 아이 생일입니다.

3. たい : 희망의 조동사

예) シンプルで　小さいものが　買いたいんですが… 심플하고 작은 것을 사고 싶습니다만…

「たい」는 동사 「ます」형에 접속하여 희망의 뜻을 나타내며, 그 대상이 되는 말 뒤에 조사 「が」를 취하는 것이 원칙이나 요즘에는 「を」를 취하기도 한다. 또한 「たい」는 い형용사와 같은 활용을 한다.

기본형	～たい(です)	～たくありません(＝～たくないです)
飲む	のみたい(です) 마시고 싶다	のみたくありません
行く	いきたい(です) 가고 싶다	いきたくありません
食べる	たべたい(です) 먹고 싶다	たべたくありません
来る	きたい(です) 오고 싶다	きたくありません
勉強する	勉強したい(です) 공부하고 싶다	勉強したくありません

4. ～にする

예) それじゃ、それにします。**그렇다면, 그것으로 하겠습니다.**

몇 가지 선택 사항 중에서 의식적으로 어떤 한 가지를 선택하여 결정할 때 사용한다.

- のどがかわいたから、コーラにします。목이 마르니까 콜라로 하겠습니다.
- きれいですね。わたしは　これにします. 예쁘네요. 저는 이것으로 하겠습니다.

연 습

1. デシカメを　見せてください。

a. タクシー　/　呼ぶ

b. 10万ウォン　/　両替する

c. 行き方　/　教える

2. A：今　何が　したいですか。

B：私は　世界旅行が　したいです。

a. 中国　/　行く

b. 車の免許　/　取る

c. 恋人　/　会う

3. かわいい靴が　ほしいです。

a. ドイツ製のスポーツカー

b. ルイヴィトンのバッグ

c. 庭付きのマイホーム

■ 회화연습1

A：1000万ウォンあったら　何が　したいですか。

B：私は　＿＿＿＿＿＿＿たいです。

A：1000万ウォンあったら　何が　ほしいですか。

B：私は　＿＿＿＿＿が　ほしいです。

■ 회화연습2

A. デザートは　なにに　しますか。

B. じゃ、　私は　コーヒーにします。

- タクシー　택시
- 呼(よ)ぶ　부르다
- 両替(りょうがえ)する　환전하다
- 行き方(いきかた)　가는 방법
- 教(おし)える　가르치다
- 世界旅行(せかいりょこう)　세계여행
- 中国(ちゅうごく)　중국
- 免許(めんきょ)を取(と)る　면허를 따다
- 恋人(こいびと)　애인
- かわいい　귀엽다
- 靴(くつ)　구두
- ドイツ製(せい)　독일제
- スポーツカー　스포츠카
- ルイヴィトン　루이비통
- バッグ　가방
- 庭付(にわつ)き　정원이 딸려있음
- マイホーム　마이홈
- あったら　있으면
- デザート　디저트

14課 朝寝坊しないでください。

14. 朝寝坊しないでください。

▌학습포인트▐

- ない형
- ～ないでください
- つもり

회 화

【ホテルのルームで】

木村： いよいよ　今日が　最後の夜です。
荷物は　もう　まとめましたか。

朴： いいえ、これから　するつもりです。

木村： 忘れ物しないように、気をつけてください。
李さん、お土産の人形は　スーツケースに　入れないでください。

李： そうですね。そうします。
じゃ、デジカメは？

木村： ケースに　入っていますので、大丈夫です。
明日はスカイライナーが　8時半ですから、朝寝坊しないでください。

朴： モーニングコールを　6時にしておきます。

해 석

【호텔 방에서】

木村： 드디어 오늘이 마지막 밤입니다.
짐은 벌써 정리했습니까?

朴： 아니오, 지금부터 할 생각입니다.

木村： 잊은 물건이 없도록 조심하세요.
李○○씨, 선물한 인형은 여행 가방에 넣지 마세요.

李： 그렇군요. 그렇게 하겠습니다.
그럼, 디지털카메라는요?

木村： 상자에 들어 있으니까 괜찮습니다.
내일은 스카이라이너가 8시반이니까 늦잠 자지 마세요.

朴： 모닝콜을 6시에 해 놓겠습니다.

단 어

- いよいよ　드디어
- 最後(さいご)　마지막, 최후
- 夜(よる)　밤, 저녁
- もう　이미, 벌써
- まとめる　정리하다, 요약하다, 묶다
- これから　이제부터, 지금부터
- つもり　작정, 예정, 생각
- 忘れ物(わすれもの)する　깜박 잊다, 잃어버리다.
- 気(き)をつける　조심하다, 주의하다
- 入(い)れる　넣다
- ケース　케이스, 상자
- 入(はい)る　들어가다, 들어 있다
- スカイライナー　東京 도심에서 成田국제공항까지 운행하는 특급열차

- 8時半(はちじはん)　8시반
- 朝寝坊(あさねぼう)する　늦잠(을) 자다　▶「朝寝坊」는 "늦잠, 늦잠꾸러기"라는 뜻임
- モーニングコール　모닝콜
- 6時(ろくじ)　6시
- ～ておく　～해 놓다, ～해 누다

문 법

1. ない형 : 부정형

1그룹동사	어미 「う」段을 「あ」段으로 바꾸고 「ない」를 붙인다. 買う ⇒ かわ＋ない(사지 않는다) ＊ 行く ⇒ いか＋ない(가지 않는다) 泳ぐ ⇒ およが＋ない(헤엄치지 않는다) 話す ⇒ はなさ＋ない(이야기하지 않는다) 待つ ⇒ また＋ない(기다리지 않는다) 死ぬ ⇒ しな＋ない(죽지 않는다) 遊ぶ ⇒ あそば＋ない(놀지 않는다) 飲む ⇒ のま＋ない(마시지 않는다) ある ⇒ あら＋ない(×) ⇒ ない(없다) ＊
2그룹동사	어미 「る」를 없애고 「ない」를 붙인다. 見る ⇒ み＋ない(보지 않는다) 食べる ⇒ たべ＋ない(먹지 않는다)
3그룹동사	来る ⇒ こ＋ない(오지 않는다) する ⇒ し＋ない(하지 않는다)

2. ないでください : 금지형

예) スーツケースに　入れないでください。**상자에 넣지 마세요.**

「ないでください」는 금지나 다른 사람에게 무언가를 하지 않도록 부탁하는 표현이다.

・何も　心配(しんぱい)しないでください。아무것도 걱정하지 마세요.

・室内(しつない)では　たばこを 吸(す)わないでください。실내에서는 담배를 피우지 마세요.

・店(みせ)の前(まえ)に　車を　止(と)めないでください。가게 앞에 차를 세우지 마세요.

3. つもり

예) これから　するつもりです。**지금부터 할 생각입니다.**

「つもり」는 "예정, 생각, 작정" 등 말하는 사람의 의지나 예정, 계획하고 있는 것을 나타내며, 「予定(よてい)」는 자기의 행동이나 행사 등 미리 정해진 일이나 구체적인 스케줄을 가리킨다.

・今年(ことし)から　英語(えいご)の勉強を　始(はじ)めるつもりです。

올해부터 영어 공부를 시작할 생각입니다.

・私は　父(ちち)の会社(かいしゃ)に　入(はい)るつもりはありません。

저는 아버지 회사에 들어갈 생각은 없습니다.

4. ように

예) 忘れ物しないように、気をつけてください。**잃어버리지 않도록 조심하세요.**

동사에 접속하여 "～듯이, ～도록"의 의미로 쓰인다.

- よくわかるように　教(おし)えてください。잘 알 수 있도록 가르쳐 주십시오.
- かぜをひかないように　気をつけてください。감기에 안 걸리도록 조심하세요.
- 外(そと)が　よく　見(み)えるように　窓(まど)を開(あ)けます。밖이 잘 보이도록 창문을 열겠습니다.

연　습

1. 忘れ物をしないように　気をつけてください。

a. 遅れる　/　来る

b. 残す　/　全部　食べる

c. 割れる　/　運ぶ

2. 두 문장을 각각 선을 그어 연결하시오.

▪ 今日は　たくさん　歩きましたから	▪ 8時に家を出ます。
▪ このお土産は　安いから	▪ バスで行きます
▪ 学校は　9時からですので	▪ ゆっくり　休みたいです。
▪ そこまで　電車がありませんので	▪ たくさん　買いました。

3. これから　荷物を　まとめるつもりです。

a. 来年　日本　/　行く

b. 明日　面接　/　受ける

c. 来月　ヨーロッパ　/　旅行する

■ 회화연습1

A. 図書館では ＿＿＿＿＿＿＿ないでください。

B. 地下鉄では ＿＿＿＿＿＿＿ないでください。

C. テスト中には ＿＿＿＿＿＿＿ないでください。

■ 회화연습2

A：もう 食事しましたか。

B：
- はい、もう 食べました。
- いいえ、まだです。/ いいえ、まだ 食べていません。

- 遅(おく)れる 늦다
- 残(のこ)す 남기다
- 全部(ぜんぶ) 전부
- 割(われ)る 깨지다
- 運(はこ)ぶ 나르다, 운반하다
- たくさん 많이
- 歩(ある)く 걷다
- 出(で)る 나오다, 나가다
- お土産(みやげ) 기념선물
- 休(やす)む 쉬다
- 電車(でんしゃ) 전철
- 買(か)う 사다
- 来年(らいねん) 내년
- 面接(めんせつ) 면접
- 受(う)ける 받다
- 来月(らいげつ) 다음 달
- ヨーロッパ 유럽
- 図書館(としょかん) 도서관
- テスト中(ちゅう) 시험중

15課 チェックアウトをお願いします。

15. チェックアウトをお願いします。

▍학습포인트▍

- 경어표현
- お～ください

회 화

【ホテルのフロントで】

朴：　チェックアウトを　お願いします。

キャッシュ：　はい、かしこまりました。

お部屋の鍵を　お願いします。

朴：　はい、どうぞ。

それと　国際電話と　ジュース　3本　飲みました。

キャッシュ：　はい、かしこまりした。少々　お待ちください。

……(しばらく たって)……

1402号室の朴様、李様ですね。

お支払は　どのように　なさいますか。

李：　現金で　します。

キャッシュ：　こちら、領収書でございます。

お確かめください。

해 석

【호텔 프론트에서】

朴 : 체크아웃을 부탁합니다.

キャッシュ : 예, 알겠습니다.
방 열쇠를 주십시오.

朴 : 예, 여기 있습니다.
그리고 국제전화와 주스 3개 마셨습니다.

キャッシュ : 예, 알겠습니다. 잠시만 기다려 주십시오.
……(잠시 지나서)……
1402호의 朴○○씨, 李○○이시죠.
지불은 어떻게 하시겠습니까?

李 : 현금으로 하겠습니다.

キャッシュ : 여기 영수증입니다.
확인해 주십시오.

단 어

- キャッツュ　캐시, 계산
- チェックアウト　체크아웃
- 鍵(かぎ)　열쇠
- それと　게다가
- 国際電話(こくさいでんわ)　국제전화
- ジュース　주스
- 3本(さんぼん)　3병
- かしこまりした　알겠습니다　▶「わかりました」보다 겸손한 표현
- 少々(しょうしょう)　잠시만, 잠깐만
- 待(ま)つ　기다리다
- しばろく　잠깐, 잠시
- 経(た)つ　(기간, 세월이) 지나다, 흐르다, 경과하다
- お支払(しはらい)　지불하다
- どのように　어떻게, 어떤 방법으로
- なさる　하시다　▶「する」의 존경어
- 現金(げんきん)　현금
- 領収書(りょうしゅうしょ)　영수증
- ～でございます　이다　▶「～です」의 겸양어
- 確(たし)かめる　확인하다

문 법

1. 존경동사와 겸양동사

동 사	존경동사	겸양동사
行きます	いらっしゃいます	まいります
来ます	いらっしゃいます	まいります
います	いらっしゃいます	おります
食べます/飲みます	召(め)し上(あ)がります	いただきます
します	なさいます	いたします
言います	おっしゃいます	申(もう)します/申(もう)し上(あ)げます
見ます	ご覧(らん)になります	拝見(はいけん)します
会います		お目(め)にかかります
知(し)っています	ご存(ぞん)じです	存(ぞん)じます/存(ぞん)じております
聞(き)きます		うかがいます
訪問(ほうもん)します		うかがいます
あげます		さしあげます
くれます	くださいます	
もらいます		いただきます
あります		ございます

「존경동사」는 상대방이나 제3자에 대한 존경의 기분을 표현할 때 사용하는 특별한 동사로 주어는 존경받는 사람이 된다. 한편, 「겸양동사」는 상대방에 대한 존경의 기분을 표현하기 위해 자신의 행위를 겸손하게 말할 때 사용하는 특별한 동사이다.

- どうぞ　召(め)し上(あ)がってください。어서 드십시오.
- 書類(しょるい)を　ご覧(らん)になりましたか。서류를 보셨습니까?
- 佐藤(さとう)さん、いらっしゃいますか。佐藤씨 계십니까?

2. お～ください

예) 少々　お待ちください。**잠시만 기다려 주십시오.**

「お/ご＋동사의 ます형＋ください」의 형태로 상대방의 행위에 대한 존중을 나타내는 표현이다. 또한 「お/ご＋한자어 명사＋ください」도 많이 쓰인다.

- 予約(よやく)があるか　お調(しら)べください。예약이 있는지 확인해 주십시오.
- こちらのエレベーターをご利用(りよう)ください。

  이쪽 에스컬레이터를 이용해 주십시오.
- 何か　あったら　お電話ください。

  무슨 일 있으면 전화 주십시오.

4. 조수사(本) - 가늘고 긴 물건을 세는 단위

一本	二本	三本	四本	五本
いっぽん	にほん	さんぼん	よんほん	ごほん
六本	七本	八本	九本	十本
ろっぽん	ななほん	はちほん はっぽん	きゅうほん	じ(ゅ)っぽん

연 습

1. 待つ → お待ちください

a. 読む → ________________。

b. 書く → ________________。

c. 乗る → ________________。

2. 何を しますか→何を なさいますか。

a. どこへ 行きますか→________________。

b. 何を 見ますか→ ________________。

c. 何を 食べますか→ ________________。

3. **A**：お支払は どのように なさいますか。

B：現金で お願いします。

a. お支払 / カード

b. ステーキの焼き方 / ウェルダン

c. お部屋 / ツインルーム

■ 회화연습1

A：＿＿＿＿＿を　お願いします。

B：はい、かしこまりました。

■ 회하연습2

A：<u>コーヒーを</u>どうぞ。

B：はい、どうも(ありがとう)

- 待(ま)つ　기다리다
- カード　카드
- ステーキ　스테이크
- 焼き方(やきかた)　굽는 방법, 굽는 정도
- ウェルダン　웰던
- ツインルーム　트윈룸

부 록

◆ 동사활용표

구분	기본형	ます형	て형	ない형
1그룹 동사	会う(만나다)	あいます	あって	あわない*
	書く(쓰다)	かきます	かいて	かかない
	行く(가다)	いきます	いって*	いかない
	泳ぐ(헤엄치다)	およぎます	およいで	およがない
	話す(이야기하다)	はなします	はなして	はなさない
	持つ(가지다)	もちます	もって	もたない
	死ぬ(죽다)	しにます	しんで	しなない
	飛ぶ(날다)	とびます	とんで	とばない
	読む(읽다)	よみます	よんで	よまない
	ある(있다)	あります	あって	ない*
	乗る(타다)	のります	のって	のらない
2그룹 동사	見る(보다)	みます	みて	みない
	起きる(일어나다)	おきます	おきて	おきない
	食べる(먹다)	たべます	たべて	たべない
	寝る(자다)	ねます	ねて	ねない
3그룹 동사	来る(오다)	きます	きて	こない
	する(하다)	します	して	しない
	勉強する(공부하다)	勉強します	勉強して	勉強しない

◆ い형용사 활용표

기본형	부정	과거	과거부정
おいしい(맛있다)	おいしくない	おいしかった	おいしくなかった
辛い(맵다)	からくない	からかった	からくなかった
すっぱい(시다)	すっぱくない	すっぱかった	すっぱくなかった
しょっぱい(짜다)	しょっぱくない	しょっぱかった	しょっぱくなかった
難しい(어렵다)	むずかしくない	むずかしかった	むずかしくなかった
やさしい(쉽다)	やさしくない	やさしかった	やさしくなかった
面白い(재미있다)	おもしろくない	おもしろかった	おもしろくなかった
つまらない(시시하다)	つまらなくない	つまらなかった	つまらなくなかった
悲しい(슬프다)	かなしくない	かなしかった	かなしくなかった
いい・よい(좋다)	よくない	よかった	よくなかった
いたい(아프다)	いたくない	いたかった	いたくなかった
楽しい(즐겁다)	たのしくない	たのしかった	たのしくなかった
寂しい(외롭다)	さびしくない	さびしかった	さびしくなかった
忙しい(바쁘다)	いそがしくない	いそがしかった	いそがしくなかった
暖かい(따뜻하다)	あたたかくない	あたたかかった	あたたかくなかった
暑い(덥다)	あつくない	あつかった	あつくなかった
涼しい(서늘하다)	すずしくない	すずしかった	すずしくなかった
寒い(춥다)	さむくない	さむかった	さむくなかった

◆ な형용사 활용표

기본형	부정	과거	연체형
楽だ(편하다)	らくではない	らくだった	らくな
大変だ(힘들다)	たいへんではない	たいへんだった	たいへんな
上手だ(잘하다)	じょうずではない	じょうずだった	じょうずな
下手だ(서툴다)	へたではない	へただった	へたな
静だ(조용하다)	しずかではない	しずかだった	しずかな
にぎやかだ(번화하다)	にぎやかではない	にぎやかだった	にぎやかな
好きだ(좋아하다)	すきではない	すきだった	すきな
嫌いだ(싫어하다)	きらいではない	きらいだった	きらいな
便利だ(편리하다)	べんりではない	べんりだった	べんりな
不便だ(불편하다)	ふべんではない	ふべんだった	ふべんな
元気だ(편리하다)	げんきではない	げんきだった	げんきな
きれいだ(예쁘다)	きれいではない	きれいだった	きれいな
有名だ(유명하다)	ゆうめいではない	ゆうめいだった	ゆうめいな
ハンサムだ(잘생기다)	ハンサムではない	ハンサムだった	ハンサムな
すてきだ(멋지다)	すてきではない	すてきだった	すてきな
立派だ(훌륭하다)	りっぱではない	りっぱだった	りっぱな
派手だ(화려하다)	はでではない	はでだった	はでな
親切だ(친절하다)	しんせつではない	しんせつだった	しんせつな

◆ 조사 정리

は	～은/는	これは　本です。
も	～도	私も　行きます。
が	①～이/가	ここに　カバンが　あります
	②～민	本は　ありますが、ノートは　ありません。
の	①～의	これは　私の時計です。
	②～의 것	これは　私のではありません。
と	～와/과	友達と　います。
に	①～에(존재장소)	部屋の中に　あります。
	②～에(시간)	何時に　起きますか。
	③～하러	ドライブに　行きます。
で	①～에서(장소)	学校で　勉強します。
	②～로/으로	バスで　行きます。
を	～을/를	何を　しますか。
か	①～까	何を　飲みますか。
	②～인가/인지	何か　食べましょうか。
へ	～에, ～로	どこへ　行きますか。

◆ 조수사1

	和数字	個(개)	本(개, 병)	枚(장)
1	一つ ひとつ	一個 いっこ	一本 いっぽん	一枚 いちまい
2	二つ ふたつ	二個 にこ	二本 にほん	二枚 にまい
3	三つ みっつ	三個 さんこ	三本 さんぼん	三枚 さんまい
4	四つ よっつ	四個 よんこ	四本 よんほん	四枚 よんまい
5	五つ いつつ	五個 ごこ	五本 ごほん	五枚 ごまい
6	六つ むっつ	六個 ろっこ	六本 ろっぽん	六枚 ろくまい
7	七つ ななつ	七個 ななこ	七本 ななほん	七枚 ななまい
8	八つ やっつ	八個 はっこ/はちこ	八本 はちほん/はっぽん	八枚 はちまい
9	九つ ここのつ	九個 きゅうこ	九本 きゅうほん	九枚 きゅうまい
10	十 とお	十個 じ(ゅ)っこ	十本 じ(ゅ)っぽん	十枚 じゅうまい
11		十一個 じゅういっこ	十一本 じゅういっぽん	十一枚 じゅういちまい
?	いくつ	何個 なんこ	何本 なんぼん	何枚 なんまい

◆ 조수사2

	階(층)	回(회・번)	人(명)	歳(세・살)
1	一階 いっかい	一回 いっかい	一人 ひとり	一歳 いっさい
2	二階 にかい	二回 にかい	二人 ふたり	二歳 にさい
3	三階 さんがい	三回 さんかい	三人 さんにん	三歳 さんさい
4	四階 よんかい	四回 よんかい	四人 よにん	四歳 よんさい
5	五階 ごかい	五回 ごかい	五人 ごにん	五歳 ごさい
6	六階 ろっかい	六回 ろっかい	六人 ろくにん	六歳 ろくさい
7	七階 ななかい	七回 ななかい	七人 ななにん/しちにん	七歳 ななさい
8	八階 はちかい/はっかい	八回 はちかい/はっかい	八人 はちにん	八歳 はっさい
9	九階 きゅうかい	九回 きゅうかい	九人 きゅうにん	九歳 きゅうさい
10	十階 じ(ゅ)っかい	十回 じ(ゅ)っかい	十人 じゅうにん	十歳 じ(ゅ)っさい
11	十一階 じゅういっかい	十一回 じゅういっかい	十一人 じゅういちにん	十一歳 じゅういっさい
?	何階 なんがい/なんかい	何回 なんかい	何人 なんにん	何歳 なんさい

◆ 조수사3

	台(대)	号室(호실)	円(엔)	泊(박)
1	一台 いちだい	一号室 いちごうしつ	一円 いちえん	一泊 いっぱく
2	二台 にだい	二号室 にごうしつ	二円 にえん	二泊 にはく
3	三台 さんだい	三号室 さんごうしつ	三円 さんえん	三泊 さんぱく
4	四台 よんだい	四号室 よんごうしつ	四円 よえん	四泊 よんぱく
5	五台 ごだい	五号室 ごごうしつ	五円 ごえん	五泊 ごはく
6	六台 ろくだい	六号室 ろくごうしつ	六円 ろくえん	六泊 ろっぱく
7	七台 ななだい	七号室 ななごうしつ	七円 ななえん	七泊 ななはく
8	八台 はちだい	八号室 はちごうしつ	八円 はちえん	八泊 はっぱく
9	九台 きゅうだい	九号室 きゅうごうしつ	九円 きゅうえん	九泊 きゅうはく
10	十台 じゅうだい	十号室 じゅうごうしつ	十円 じゅうえん	十泊 じ(ゅ)っぱく
11	十一台 じゅういちだい	十一号室 じゅういちごうしつ	十一円 じゅういちえん	十一泊 じゅういっぱく
?	何台 なんだい	何号室 なんごうしつ	何円 なんえん	何泊 なんぱく

◆ 조수사4

	冊(권)	杯(잔)	匹(마리)	足(켤레)
1	一冊 いっさつ	一杯 いっぱい	一匹 いっぴき	一足 いっそく
2	二冊 にさつ	二杯 にはい	二匹 にひき	二足 にそく
3	三冊 さんさつ	三杯 さんばい	三匹 さんびき	三足 さんぞく
4	四冊 よんさつ	四杯 よんはい	四匹 よんひき	四足 よんそく
5	五冊 ごさつ	五杯 ごはい	五匹 ごひき	五足 ごそく
6	六冊 ろくさつ	六杯 ろっぱい	六匹 ろっぴき	六足 ろくそく
7	七冊 ななさつ	七杯 ななはい	七匹 ななひき	七足 ななそく
8	八冊 はっさつ	八杯 はっぱい	八匹 はっぴき	八足 はっそく
9	九冊 きゅうさつ	九杯 きゅうはい	九匹 きゅうひき	九足 きゅうそく
10	十冊 じ(ゅ)っさつ	十杯 じ(ゅ)っぱい	十匹 じ(ゅ)っぴき	十足 じ(ゅ)っそく
11	十一冊 じゅういっさつ	十一杯 じゅういっぱい	十一匹 じゅういっぴき	十一足 じゅういっそく
?	何冊 なんさつ	何杯 なんばい	何匹 なんびき	何足 なんぞく

◆ 숫자

0	ゼロ, れい	80	はちじゅう
1	いち	90	きゅうじゅう
2	に	100	ひゃく
3	さん	200	にひゃく
4	し、 よん	300	さんびゃく
5	ご	400	よんひゃく
6	ろく	500	ごひゃく
7	しち、 なな	600	ろっぴゃく
8	はち	700	ななひゃく
9	く、 きゅう	800	はっぴゃく
10	じゅう	900	きゅうひゃく
11	じゅういち	1,000	せん、 いっせん
12	じゅうに	2,000	にせん
13	じゅうさん	3,000	さんぜん
14	じゅうし、 じゅうよん	4,000	よんせん
15	じゅうご	5,000	ごせん
16	じゅうろく	6,000	ろくせん
17	じゅうしち、 じゅうなな	7,000	ななせん
18	じゅうはち	8,000	はっせん
19	じゅうきゅう	9,000	きゅうせん
20	にじゅう	10,000	まん、 いちまん
30	さんじゅう	100,000	じゅうまん
40	よんじゅう	1,000,000	ひゃくまん
50	ごじゅう	10,000,000	いっせんまん
60	ろくじゅう	100,000,000	いちおく
70	しちじゅう、 ななじゅう		

◆ 월, 일, 요일

一月 いちがつ	二月 にがつ	三月 さんがつ	四月 しがつ	五月 ごがつ
六月 ろくがつ	七月 しちがつ	八月 はちがつ	九月 くがつ	十月 じゅうがつ
十一月 じゅういちがつ	十二月 じゅうにがつ	何月 なんがつ		

1日 ついたち	2日 ふつか	3日 みっか	4日 よっか	5日 いつか
6日 むいか	7日 なのか	8日 ようか	9日 ここのか	10日 とおか
11日 じゅういちにち	12日 じゅうににち	13日 じゅうさんにち	14日 じゅうよっか	15日 じゅうごにち
16日 じゅうろくにち	17日 じゅうしちにち	18日 じゅうはちにち	19日 じゅうくにち	20日 はつか
21日 にじゅういちにち	22日 にじゅうににち	23日 にじゅうさんにち	24日 にじゅうよっか	25日 にじゅうごにち
26日 にじゅうろくにち	27日 にじゅうしちにち	28日 にじゅうはちにち	29日 にじゅうくにち	30日 さんじゅうにち
31日 さんじゅういちにち	何日 なんにち			

日曜日 にちようび	月曜日 げつようび	火曜日 かようび	水曜日 すいようび
木曜日 もくようび	金曜日 きんようび	土曜日 どようび	何曜日 なんようび

◆ 시간, 분

	時(시)		分(분)
1時	いちじ	1分	いっぷん
2時	にじ	2分	にふん
3時	さんじ	3分	さんぷん
4時	よじ	4分	よんぷん
5時	ごじ	5分	ごふん
6時	ろくじ	6分	ろっぷん
7時	しちじ	7分	ななふん/しちふん
8時	はちじ	8分	はっぷん
9時	くじ	9分	きゅうふん
10時	じゅうじ	10分	じ(ゅ)っぷん
11時	じゅういちじ	20分	にじ(ゅ)っぷん
12時	じゅうにじ	30分	さんじ(ゅ)っぷん
何時	なんじ	40分	よんじ(ゅ)っぷん
		50分	ごじ(ゅ)っぷん
		60分	ろくじ(ゅ)っぷん
		何分	なんぷん

◆ 때를 나타내는 표현

봄	春(はる)
여름	夏(なつ)
가을	秋(あき)
겨울	冬(ふゆ)

一昨日 おととい いっさくじつ	昨日 きのう	今日 きょう	明日 あした	明後日 あさって	毎日 まいにち
先々週 せんせんしゅう	先週 せんしゅう	今週 こんしゅう	来週 らいしゅう	再来週 さらいしゅう	毎週 まいしゅう
先々月 せんせんげつ	先月 せんげつ	今月 こんげつ	来月 らいげつ	再来月 さらいげつ	毎月 まいげつ まいつき
一昨年 おととし いっさくねん	去年 きょねん	今年 ことし	来年 らいねん	再来年 さらいねん	毎年 まいとし まいねん

◆ 인칭대명사

1인칭	わたくし、　わたし、　ぼく、　おれ
2인칭	あなた、　きみ、　おまえ
3인칭	彼(かれ)、　彼女(かのじょ)
부정칭	どなた、だれ、どちら

◆ 指示詞

こ	そ	あ	ど
これ 이것	それ 그것	あれ 저것	どれ 어느 것
ここ 여기	そこ 거기	あそこ 저기	どこ 어디
こちら(こっち) 이쪽	そちら(そっち) 그쪽	あちら(あっち) 저쪽	どちら(どっち) 어느 쪽
この 이	その 그	あの 저	どの 어느
こんな 이런	そんな 그런	あんな 저런	どんな 어떤

◆ 의문대명사

무엇	어느 것	어떻게	어느 정도
何(なん)	どれ	どのように	どのくらい
누구	언제	몇개	얼마
だれ	いつ	いくつ	いくら

◆ 위치표현

위	가운데, 안, 속	아래
上(うえ)	中(なか)	下(した)
앞	뒤	밖
前(まえ)	後(うし)ろ	外(そと)
옆	옆	옆, 근처
横(よこ)	隣(となり)	側(そば)
왼쪽	오른쪽	주위
左(ひだり)	右(みぎ)	回(まわ)り